大展好書　好書大展
品嘗好書　冠群可期

大展好書　好書大展
品嘗好書　冠群可期

武學名家典籍校注 5

陳微明太極劍

陳微明 著 二水居士 校注

大展出版社有限公司

定價大洋捌角

著者 陳微明
發行者 致柔拳社
印刷者 中華書局
代售處 中華書局及各大書坊

出版人語

武術作為中華民族文化的重要載體，集合了傳統文化中哲學、天文、地理、兵法、中醫、經絡、心理等學科精髓，它對人與自然和諧共生關係的獨到闡釋，它的技擊方法和養生理念，在中華浩如煙海的文化典籍中獨放異彩。

隨著學術界對中華武學的日益重視，北京科學技術出版社應國內外研究者對武學典籍的迫切需求，於二〇一五年決策組建了「人文・武術圖書事業部」，而該部成立伊始的主要任務之一，就是編纂出版「武學名家典籍」系列叢書。

入選本套叢書的作者，基本界定為民國以降的武術技擊家、武術理論家及武術活動家，而之所以會有這個界定，是因為民國時期的武術，在中國武術的發展史上占據著重要的位置。在這個時期，中、西文化日漸交流與融合，傳統武術從形式到內容，從理論到實踐，都發生了巨大的變化，這種變化，深刻干預了近現代中國武術的走向。

這一時期，在各自領域「獨成一家」的許多武術人，之所以被稱為「名人」，是因為他們的武學思想及實踐，對當時及現世武術的影響深遠，甚至成為近一百年來武學研究者辨識方向的座標。這些人的「名」，名在有武術的真才實學，名在對後世武術傳承永不磨滅的貢獻。他們的各種武學著作堪稱為「名著」，是中華傳統武學文化極其珍貴的經典史料，具有很高的文物價值、史料價值和學術價值。

首批推出的「武學名家典籍」校注第一輯，將以當世最有影響力的太極拳為主要內容，收入了著名楊式太極拳家楊澄甫先生的《太極拳使用法》、《太極拳體用全書》；武學教育家陳微明先生的《太極拳術》《太極劍》《太極答問》；一代武學大家孫祿堂先生的《形意拳學》《八卦拳學》《太極拳學》

《八卦劍學》《拳意述真》。民國時期的太極拳著作，在整個太極拳發展史上占有舉足輕重的地位。當時太極拳著作，正處在從傳統的手抄本形式向現代著作出版形式完成過渡的時期；同時也是傳統太極拳向現代太極拳過渡的關鍵時期。這一歷史時期的太極拳著作，不僅忠實地記載了太極拳架的衍變和最終定型，而且還構建了較為完備的太極拳技術和理論體系，而孫祿堂先生的武學著作及體現的武學理念，特別是他首先提出的「拳與道合」思想，更是使中國武學產生了質的昇華。

這些名著及其作者，在當時那個年代已具有廣泛的影響力，而時隔近百年之後，它們對於現階段的拳學研究依然具有指導作用，依然被太極拳研究者、愛好者奉為宗師，奉為經典。對其多方位、多層面地系統研究，是我們今天深入認識傳統武學價值，更好地繼承、發展、弘揚民族文化的一項重要內容。

本叢書由國內外著名專家或原書作者的後人以規範的要求對原文進行點校、注釋和導讀，梳理過程中尊重大師原作，力求經得起廣大讀者的推敲和時間的考驗，再現經典。

「武學名家典籍」校注，將是一個展現名家、研究名家的平台，我們希望，隨著本叢書第一輯、第二輯、第三輯……的陸續出版，中國近現代武術的整體風貌，會逐漸展現在每一位讀者的面前；我們更希望，每一位讀者，把您心儀的武術家推薦給我們，把您知道的武學典籍介紹給我們，把您研讀詮釋這些武術家及其武學典籍的心得體會告訴我們。我們相信，「武學名家典籍」校注這個平台，在廣大武學愛好者、研究者和我們這些出版人的共同努力下，會越辦越好。

導讀

陳微明（一八八一－一九五八年），原名曾德，字慎先。讀《離騷》，慕屈原（名正則，字靈均）之為人，易名曾則，改字天均。湖北浠水人，出生在北京一個累世為儒的家庭。

他的曾祖父陳沆（一七八五－一八二六年），原名學濂，字太初，號秋舫，嘉慶二十四年己卯恩科（一八一九年）狀元，授翰林院修撰，出任四川道監察御史，還擔任過廣東省大主考，禮部會試考官等。秋舫先生「以詩文雄海內」，與魏源、龔自珍、包世臣等友善，交往甚密。

祖父陳廷經（一八〇四－一八七七年），字執夫，號小舫。從小隨父在京城時，師從魏源（一七九四－一八五七年）課讀，通經世大略，道光二十四年

（一八四四年）甲辰科進士。早年淡於仕進，樂江南山水，徜徉木瀆之間，五十始入都，供職擢御史，官至內閣侍讀學士，為人耿直，抨彈不避權貴，所劾去者有四督、五撫、六藩司。曾上書具陳邊疆各省制外夷之法，彈劾太監安德海奸佞驕橫。屢疏薦曾國藩、胡林翼、左宗棠諸人，才可大受。上書設立同文館、建江南造船廠等。晚年日課金剛經，精易數，感異夢，悟前身事，遂自號夢迦葉居士。

父親陳恩浦（一八五八—一九二二年），字子青，以國學生捐得中書科中書之職。母親周保珊（一八五四—一九二四年），字佩雲，係前漕運總督周恒祺家的千金。

微明先生，兩歲時隨家人回武昌生活。二十一歲時，與仲兄陳曾壽、三弟陳曾矩同舉湖北鄉試孝廉。二十四歲，髮妻范氏難產離世，同年，科舉廢止。一九一一年，辛亥革命爆發，舉家從武昌遷移上海，後又蟄居杭州，漂泊於北京、杭州、上海之間，顛沛流離，國變家難，歷經生活的種種磨礪，他的人生軌跡也由此發生了巨大的改變。

彷彿一夜之間，微明先生發現二十來年的奮發激勵，慷慨有為，統統被時代的洪流蕩滌殆盡，他的心思一下子變得虛空寧寂，他不想再向前去往哪裡，也不知道哪裡才是他應該去的地方；他覺得自己已經在這人世間來來往往走了好幾遍，卻並不知道哪裡才是自己最後的歸宿。

莊子的「寥已吾志，無往焉而不知其所至，去而來而不知其所止，吾已往來焉而不知其所終」句，「不知其所至」「不知其所止」「不知其所終」，三個不知，三個疑問，徹底地讓他反思自己以往的人生之路，也由此深深觸動了微明先生的靈魂，從此他以「寥志」為號，內心也開始由儒學而逐漸轉入了老莊之道。

他曾在杭州求是書院，擔任過輿地學教授，在北京京師五城學堂教過《左傳》，去優級師範學校教過國文諸子學。他還擔任過清史館編修，在嚴復家做過家教，也在胡雪巖的侄兒胡藻青家做過家教。

後來遇到完縣孫祿堂先生，學得形意拳、八卦掌，遇到永年楊澄甫先生，學得太極拳。從此，太極拳開始真正改變他的一生。

後來，他取《老子》「將欲歙之，必故張之，將欲弱之，必故強之」句，以「微明」自號，鬻拳江湖，取《老子》「專氣致柔」之意，於一九二五年在滬上創立「致柔拳社」。從此，微明先生以文入武，以武入道，乃至最終走上性命之學的踐行之路。

致柔拳社創立以來，社員從十幾人、數十人，發展到數百人、數千人；拳社位址，也隨著拳社規模的擴充，從原先的福煦路民厚里六百零八號，遷入李誦清堂路二百二十五號，再遷址至七浦路二百八十八號，乃至最後長期租借西藏路四百八十號寧波旅滬同鄉會，各類專項培訓班、分社也應運而生。

譬如山西路二二五號及西武昌路十四號，開設的女子體育師範班、蘇州大郎橋巷二十六號陸宅開設的致柔拳社蘇州分社、愚園路十六號的女子國術社、莫干山菜根香飯店後所設立的致柔拳社莫干山分社、致柔拳社廣州分社等等，前後師從他學拳的人不下萬人。

滬上工商界、文藝界精英、黨國政要，乃至市井商賈、負販狗屠，彙聚在他的拳社，「自貴人達官、文儒武士、工商百業、僧道九流、輿台廝卒、中外國之士女從之遊者，無慮數千人」，「陳微明」三字，幾乎成了滬上、乃至大江南北喜好太極拳者所心儀之名號，「致柔拳社」的招牌也成為他們所神往的聖殿。

吳志青《太極正宗》一書盛讚微明先生：「廣事授徒，大有孔門之盛況，並著《太極拳術》一書風行全國。蓋此時代，可謂太極拳之黃金時代也。」

孫祿堂先生在滬上，曾公開對武術界各派人士說，倘若不是陳微明創立致柔拳社，提倡武術，怎麼可能有而今這樣發達的局面呢，「吾人皆應感激微明之意也」。陳微明先生與他的致柔拳社，為民國年間開太極拳之盛，厥功至偉。

分別刊行於一九二五年、一九二八年、一九二九年的《太極拳術》《太極劍》《太極答問》三書，是微明先生總結拳學理論以及教學經驗而編著的教材。在微明先生看來，內家拳，術技也，而源於道，「明乎道者，其學易而功深，非魯莽躁急者，所能強為也」，尤其是此太極拳三冊專著，闡明「專氣致柔」之旨，動靜交修之法，書成風行，一版再版，洛陽紙貴，成為當時太極拳界經典的拳學著作。

《太極拳術》，由鄭孝胥題簽書名。版權頁署：著者陳微明，發行者致柔拳社，印刷者為中華書局。代售處為：大馬路華德鐘錶行、棋盤街啟新書店及各大書坊。版權頁不署版次，所以無從確知初版的年月以及再版的版數。

孫紹濂序言稱：「先生蓄道德，能文章，曾任清史館纂修，以楊先生口授之太極拳，筆述成書，多所闡發，稿贈楊先生以酬答之。楊先生藏之數年，不以付梓。余與秦君光昭、王君鼎元、岑君希天聞之，請先生慫恿出之，以傳於世。先生書往，楊先生欣然寄稿，並圖五十餘幅。」

由此看見，此書應該是微明先生在北京，向楊澄甫老師學拳時所編著，原本是為報答楊澄甫授拳之恩，而將書稿贈予楊澄甫老師的。後來一方面因為楊澄甫老師得此稿後，也沒有出版的計畫，另一方面，微明先生在滬上開設致柔拳社之後，學員也急需教材，孫紹濂與秦光昭、王鼎元、岑希天等早期的學員，就「請先生慫恿出之」。於是微明先生寫信給楊澄甫後，楊澄甫老師便將書稿寄了回來，並且還附上了楊澄甫老師五十餘幅中年拳照。由此可知「乙丑六月」（一九二五年六月），應該是微明先生收到楊澄甫老師書稿的時間。

一九二五年十月三日，《申報》刊陳志進先生撰稿的新書出版預告，云：「太極拳術，為卻病延年最無流弊之運動，自廣平楊露禪先生至京師傳授弟子，學者漸多。然中國武術傳授之際，師徒之分極嚴，心有不明，不敢問也。必須為師者高興之時，為弟子說其大意。楊少侯嘗言，往往年餘只能見其伯父班侯練習拳架一次，實難以揣摩。故楊氏所授之弟子，派衍流傳，其拳架又微有出入，蓋已不能得其正確之姿勢也。惟健侯幼子澄甫，因鍾愛，故極用心教授之。故欲學太極拳之正確姿勢，當以澄甫之拳架為準。以其開展中正，處處動腰，無微不到也。

陳微明君從學於澄甫先生，精研者七八載。而近世風氣與前大不相同。往時學拳者，多屬不字之輩。只知下苦功，不知用腦力。太極拳精微奧妙，非用腦力，不能得其深意。微明君以文人，注意於此，澄甫又加以青眼。問省既格外詳細，傳者自不能不悉心指導。微明遂將澄甫先生口授之太極拳術，筆之於書。又請澄甫親自攝影，其缺者，微明又補照之，又與余合攝推手之圖，共六十餘幅，加以說明，至詳且盡。又將王宗岳《太極拳論》，詳加注釋，微妙之理，發釁無餘。現付中華書局刷印，不日即可出版。余知此書之出，拳術界當放一大光明也，特不憚煩，介紹於世之好武術者。」

一九二五年十月十九日，《申報》接杭州中華書局來函，發佈「武當嫡派《太極拳術》出版」的書訊，稱：「此書乃廣平楊澄甫口授，鄂陳微明筆述，內有鋼版圖式六十餘幅，加以說明，至精至詳。後附王岳宗《太極拳論》，微明君注釋，微妙之理，發揮無餘。前有馮蒿庵、朱古徽、王病山、陳散原諸名人題詞，誠內家拳術最有價值之書也。實價八角。總發行處：西摩路北致柔拳社。分售處：北京路佛經流通處、棋盤街中華書局及各大書坊。」

由此可證，初版時間為一九二五年十月三日至十月十九日間，初版的書價為大洋八角。

此次校釋，就太極拳動作描述部分，只是糾正了動作與照片不符處，另外對於文字描述容易誤讀、誤解處，稍加注釋說明，其他一依原著。讀者倘若想進一步研討楊澄甫老師的拳勢變化，可以將此本與許禹生的《太極拳勢圖解》和楊澄甫的《太極拳使用法》兩書，相互參閱。

後附王岳宗《太極拳論》，微明先生的注釋，由於語境的變化，便於現今的閱讀習慣，二水適當添加了自己的一些拳學體悟。後輩如我等，無緣得窺微明先生丰姿，無緣秉受微明先生親炙，「貂不足，狗尾續」，在所難免焉。

微明先生以為，太極拳的拳技原理，契合老子《道德經》的精髓，所以，他將老子《道德經》中與太極拳拳技原理相吻合的經典論說，逐一摘錄，並以太極拳的講論予以微顯闡幽，名之為《太極合老說》。二水參合自身的拳學體悟，略作詮釋，讀者諒不以續貂為唐突也。

《太極劍》，由鄭孝胥題簽書名，李景林題寫「劍光凌雲」，吳江錢崇威、涇縣胡韞玉、求物治齋主人黃太玄作序。後附太極長拳及太極拳名人軼事。另有陳志進著「太極拳與各種運動之比較」「太極拳之品格功用」兩文。此書版權頁署：著者陳微明，發行者致柔拳社，印刷者中華書局。代售處為：中華書局及各大書坊。

此書出版後，微明先生弟子嚴履彬，曾遵師囑，對《太極劍》數勢，都有補正。一九五九年十月微明先生弟子梁溪榮如鶴先生，從嚴履彬贈貽同學張海東的抄本中，抄錄後，贈貽李祖定。李祖定係微明先生女婿，他與微明先生女兒陳邦琴夫婦兩人，曾從家師慰蒼先生學習太極拳，復將此補正稿，抄贈家師。此次校釋，將嚴履彬補正的數勢一一予以補入。另外糾正了胡樸安先生序言中所引顏習齋「折竹為劍舞」事。並將《考工記》《典論・自序》《顏習齋先生年譜》《顏習齋先生傳》等相關資料一一補入，以供談助。

微明先生曾得李景林武當對劍之法相授，他曾希望等待他「習之精熟，再述為書，以餉世人」，可惜哲人已逝，斯技亦已空谷幽蘭。此次校釋，二水以武當對手劍中「擊、崩、點、刺、抽、帶、提、格、劈、截、洗、壓、攪」十三勢，以釋解微明先生劍勢中相應的式勢，雖未能一酬其幽蘭之芬芳，亦合掌作拍，以期空谷之迴響也。

《太極答問》，由微明先生自己題簽書名。版權頁署：著者陳微明，發行者致柔拳社，印刷者中華書局。代售處為：棋盤街啟新書店、大馬路華德鐘錶行、各大書坊。版權頁也無版次印數。李景林題寫「剖析毫芒」，褚民誼題寫「柔能克剛」，微明先生自序。

內容以問答形式，分作「太極拳源流之補遺及小說之辯正」「太極拳之姿式」「太極拳之推手」「太極拳之散手」「太極拳之勁」「太極拳之導引及靜坐法」「學太極拳者之體格及成就」「太極拳之效益」「太極拳之單式練法」

等幾大類，就初學者相關問題，逐一加以詳細解答。

尤其是「太極拳之推手」一節，微明先生首次簡要地為「聽勁」下了一個定義：「知覺對方用力之方向、長短，謂之聽勁」。從此「聽勁」一詞，成為太極拳推手訓練中，最為經典的理論。

後附「致柔拳社簡章」「致柔拳社出外教授簡章」「致柔拳社三年畢業課程」，實係研究致柔拳社重要的文獻資料。

一九二九年十月三十一日，《申報》刊發此書廣告：「致柔拳社社長陳微明君，近著《太極答問》一書，對於太極拳精妙之意，闡發無遺。其目錄分為源流、事實、姿勢、推手、散手、導引、靜坐、練太極拳者之體格、效益、單式練法、多種單式練法，專為遠方不能入社者而作，為全國人普及練習，無師而可以明瞭，實具絕對之熱心。聞此書業已付印，不久即可出版云。」

由此可證初版應該在一九二九年十一月間。而從此書六屆畢業生名錄可證，此本係一九三五年十一月刊行的第四版。

一九三五年十一月十四日《申報》載：「陳微明著《太極拳術》《太極答問》《太極劍》等書，出版以來，風行全國。現又四版出書。《太極拳術》增圖百數十幅，與電影無異，為學太極拳者最好之模範。《太極答問》，內分姿勢、推手、散手、論勁、靜坐等目，於太極拳之精微，闡發無遺，欲深造者，不可不看。並有單式練法，可以無師自習。《太極劍》附有名人軼事，最饒興趣。默新書局、千頃堂、中華照相館，及致柔拳社有寄售。」

此次校釋，補充了雍正曹秉仁纂修《寧波府志》、黃宗羲《南雷文定集》之王征南墓誌銘、黃百家《學箕初稿》中的《王征南先生傳》《三豐全書》拳技派、《太極功源流支派論》中的許宣平、夫子李、程靈洗、宋仲殊等資料，以及《俠義英雄傳》所載楊班侯事，以助談資。

涉及太極拳技、推手等答問，二水也參合自身的體悟，多有闡發。並將後附之「致柔拳社社員姓名錄」、「出外教授姓名錄」、第一屆至第六屆畢業生姓名、「蘇州分社社員姓名實錄」「廣州分社姓名錄」「廣州公安局」「廣州總司令部」等之名錄中，姓名稽考者，一一加以補注，對於研究致柔拳社歷史，實係不可或缺的資料。

微明先生自創立致柔拳社以來，教學相長，在傳授拳藝的同時，他也深受致柔拳社社員，諸如關絅之、江味農、謝泗亭、沈星叔、趙雲韶、釋常惺、陳元白、趙炎午、歐陽正明、持松等滬上佛學居士、高僧大德的耳聞目染，微明先生由此開始接觸佛學。

他先後與金山活佛妙善法師、白普仁喇嘛結緣，一九三七年逢能海上師來滬上設金剛道場，微明先生「受戒因緣到」，由此而皈依佛學。趙樸初先生也在微明先生的致柔拳社與佛學結緣，並且結識了微明先生的侄女陳邦織，兩人緣結並蒂，牽手走完一生。

微明先生於學，無所不窺，自小學經史諸子，百家之言，旁及內典道藏，天文輿地曆算，法帖圖畫之書，無不窮究。他喜好古文辭，出入周秦兩漢唐宋諸大家，輔加他醇厚的德性，超遠的襟懷，他的文辭，感人至深。

所著《清宮二年紀》《慈禧外紀》《歐洲戰紀初編》《歐洲戰紀二編》《文體講義》《訓詁講義》《音韻講義》等書，皆風靡一時。

定居滬上後，又相繼出版《海雲樓文集》《御詩樓續稿》《雙桐一桂軒續稿》，多收抒發哀慕之思、師友親情之作，其時國學大家，諸如番禺梁節庵、桐城馬通伯、義寧陳散原、嘉興沈寐叟等先生，對其至情至性之作，多加贊許。

早年的國變家難，讓微明先生由儒學而轉入老莊之道。晚年的生活閱歷，又讓微明先生由老莊而醉心佛學。

一九五八年九月二日（農曆七月十九），微明先生走完了他的性命踐行之路，在上海永嘉路寓所安詳示寂，滿屋檀香，經日不散。誠如楊氏太極拳老拳論三十二目之《口授張三豐老師之言》所云：「予知三教歸一之理，皆性命學也。皆以心為身之主也。保全心身，永有精氣神也。」

微明先生出入於三教，而究竟於太極。文修於內，武修於外，由文而入武，由武而入於道，文思安安，武備動動，允文允武，最終「盡性立命，窮神達化」，為後世學者探索了一條性命之學的踐行之路。

太極劍

附太極長拳

孝青

太極劍

附太極長拳

孝胥①鄭蘇堪印

【注釋】

①孝胥：鄭孝胥（一八六〇—一九三八年），字蘇堪，號海藏，閩侯（今福州）人。晚清政治家，早期曾參與戊戌變法。立憲時期，參與創建上海商務印書館、上海儲蓄銀行，推動新式教育，並受岑春煊派遣，出任預備立憲公會會長。辛亥革命後，以遺老自居。在溥儀被趕出紫禁城後，他致力於溥儀的復辟，積極籌畫滿洲國的建國，出任滿洲國總理兼文教總長，暴卒於長春。

其於法帖頗多造詣，書法工楷隸，尤善楷書，取徑歐陽詢及蘇軾，得力於北魏碑。創詩壇「同光體」，辭多蒼勁樸茂，汪辟疆著《光宣詩壇點將錄》，將其比作「天罡星玉麒麟盧俊義」，拔得第二把交椅，頗得溢美之詞。

武當嫡派
慎先嫻世兄察書
八十三叟馮煦

武當嫡派

慎先婣世兄①詧書②

八十三叟馮煦③鈐「馮煦臣印」

【注釋】

①婣世兄：婣，姻也。古人稱謂，有婚姻關係而結誼者，加「姻」字，如姻伯，姻兄。有與父祖輩世交而結誼者，加「世」字，如世伯，世兄。既有婚姻關係，又兼父祖輩交情的，加「姻世」二字，如姻世伯，姻世兄。姻世兄，蓋指對有姻親關係的小輩人的尊稱。

②詧書：詧，察也。察書，校正勘定所書寫的文字。把自己的書畫等送人時，表示請對方指教的敬謙語成語。

③馮煦（一八四二—一九二七年）：字夢華，號蒿庵，金壇五葉人。光緒八年（一八八二年）中舉人，光緒十二年（一八八六年）中丙戌科趙以炯榜進士第三名（探花），授翰林院編修，歷任四川按察使、布政使，安徽按察使、布政使、安徽巡撫。與鹿傳霖、張之洞結仇，罷官後寓居上海，自號蒿隱公，以遺老自居，總纂《江南通志》，著有《蒿庵類稿》。其書法師宗鍾繇、虞世南、孫過庭。風格醇樸遒勁，神采煒然。

微明先生正①

劍光凌雲

戊辰年②仲春　李縣林③

【注釋】

①正：訂正。多作「指正」「雅正」「斧正」等，把自己的書畫等送人時，表示請對方指教的敬謙語成語。

②戊辰年：即一九二八年。

③李景林（一八八五—一九三一年）：字芳宸，直隸棗強人，民國將領，武術家。畢業於保定北洋陸軍速成武備學堂，歷任奉系軍長、直隸軍務督辦、直隸省長等職。幼承父藝，從學技擊，早年嫻熟燕青門、二郎門等武技，後師從武當道士陳世鈞學習武當對劍。與張之江籌組中央國術館，任副館長。一九二九年應張靜江之聘，籌備「浙江國術遊藝大會」，並擔綱浙江國術遊藝大會評判委員長。一九三一年受邀組建山東國術館，同年十一月十三日逝世。陳微明作《祭李芳宸將軍文》。

楊健侯先生遺像

楊澄甫先生

著者　陳微明

丙寅四月初九日致柔拳社公祝張三丰祖師壽誕攝影

序

余弱不好弄①，長躭靜默②，武術諸書，素未問津。間於稠人廣坐遇一二魁梧，其形精悍，其色者識之為有拳術者而已③。戊午後，久客滬瀆，凡值武術運動開會，傾動士女，余亦未嘗一往④。乙丑歲⑤，閱報紙⑥見有浠川⑦陳微明君，來設致柔拳社，教授太極拳術，一寓目，亦忘之矣。

丙寅春季⑧，偶過西武昌路⑨，覩門首榜揭致柔分社⑩，因憶及，姑入觀焉⑪。登樓見一長髯者，與一道士裝者相對立，以手互相縈繞，初不知為太極拳中之推手，以為二人戲耳⑫。復見三數人⑬，演各種姿勢，其動作舒而徐⑭，若惟恐用力者然⑮，且其舉步輕，著地無聲，心頗異之⑯。旋見一面白而儒雅者，入就旁榻，坐觀諸人久，徐起，矯正其姿勢就，詢知，為社長陳微明君。余更訝焉⑰。蓋余意中，社長必魁梧，其形精悍，其色寧為一意態閒逸之書生⑱。姑購所著《太極拳術》一冊歸。漏三下讀之竟⑲，始悉太極拳之源流及功用，並悉君為壬寅同年⑳。是歲與其兄若弟同捷者，一門三魁，傳為佳話㉑。余慨念君之曾祖秋舫先生，以第一人及第，才名冠世，自嘉道迄同光，殆無人不讀簡學齋詩者㉒。先德子青年丈㉓，宿學潛德，士林矜式㉔。太夫人周㉕，工書法，雄偉渾厚，懾服士大夫。是固代以文學顯，君今乃能積健為雄，發揚內家奧旨，以拳術鳴海上㉖。

於是心怦然動，翌日造廬請謁㉗，次月遂入社。不以人事而輟，不以風雨而阻，迄將兩年，雖年事既長，進境如登太行，然亦自謂微有所得，故好之愈篤㉘。中間先生更授以太極劍，懼拳劍之不及兼顧也，甫半而請止㉙。

今先生復著《太極劍術》一書成，堅索一言。夫以未學劍之人，欲論列劍術之奧旨，自無能為役，聊述余入社之巔末如此㉚。

雖然，余女、余侄及余孫，均從先生兼習拳劍，則余學劍之志寧敢忘哉㉛。

自今請賡續㉜學劍，且以太極拳之精微，期以十年，或有小成之可言㉝。

今社中姑定三年為一段落，殆不過如孩童之畢業於幼稚院耳㉞。明年余六十矣，乃為幼稚院畢業之期，屆時初度之辰，先生倘以同年之誼而辱臨貺者，余將率女、孫輩，執劍起舞於筵前，還以一觥壽先生也，並書之以為息壤㉟。

歲在戊辰㊱春仲，吳江錢崇威㊲。

【注釋】

①弱不好弄：指幼年時不愛好嬉戲。顏延之《陶徵士誄》云：「弱不好弄，長實素心。」

②長躭靜默：長大後喜好安靜緘默，躭思躭樂。

③間於稠人廣坐……有拳術者而已：間，間或，偶然。稠人廣坐者，大庭廣衆也。此句意為偶然會在大庭廣衆中，遇見一兩個身形魁梧的人，他們的外形精強勇猛，從表面上看就識得是會拳術的人。如此罷了。

④戊午後……未嘗一往：戊午，民國七年，即一九一八年。滬瀆，上海。此句意為

一九一八年之後，長期旅居在上海，一般情形下，遇到武術運動，都會召集會議，轟動士女百姓，我也從來沒有動身去看過。

⑤乙丑歲：民國十四年，即一九二五年。

⑥報紙：此報即一九二五年五月二日《申報》，其第十七頁載：「吾國內家拳為太極、八卦、形意三種，而太極拳最為精妙。練太極拳之善者，當首推楊澄甫。練八卦、形意之著者，當首推孫祿堂。鄂省陳愼先，獨兼二家之長，融會貫通，實為當今內家拳術中難能可貴之人物。現在滬籌辦致柔拳社，暫寓哈同路南口，福煦路民厚里六百零八號。日來陸續有人報名，業已開始教授，滬上有名人物如王一亭、聶雲台等，均就陳君求學云。」哈同路，今為上海銅仁路。福煦路，即今上海延安中路。民厚里，原哈同花園（愛儷園）舊址，後改名慈厚里，今上海嘉里中心一帶。

⑦浠川：屬長江水系，為長江中游支流，位於湖北省黃岡市浠水縣，縣因河名。浠水縣境有浠水、巴水、蘄水、策湖、望天湖等五大水系，陳微明祖居在巴水與長江匯合處的巴河鎮陳家大嶺。

⑧丙寅春季：即一九二六年春季。

⑨西武昌路：上海市虹口區南部的一條街道，東西走向，東起黃浦路，西至江西北

路。以四川北路為界，以東名為東武昌路，以西名為西武昌路。致柔拳社初創於福煦路民厚里六百零八號，兩個月後，入社的人越來越多，原址不敷應用，遂於一九二五年七月二十日，遷址至新閘路李誦清堂路二百二十五號。一九二六年三月，為適應各界女士學拳之需，特在山西路二二五號及西武昌路十四號設立女子體育師範班。

二水按：今上海陝西北路、江寧路、西康路、新閘路、武定路、安遠路、長壽路附近六十畝地產，係當年滬上寧波商人「小港李氏」第三代——李雲書所購置的地產，故其路以其個人名號命名。陳微明的女婿李祖定，即滬上「小港李氏」第四代族人。

⑩覩門首榜揭致柔分社：看到門前掛著致柔分社的招牌。此分社，即西武昌路十四號設立女子體育師範班。

⑪因憶及，姑入觀焉：意為因為想到之前在報紙有關致柔拳社的消息，姑且就進去看看。

⑫以為二人戲耳：以為是兩個人在玩遊戲罷了。

⑬三數人：概說，非確數也。意即三五個人。

⑭舒而徐：舒展而緩慢。

⑮若惟恐用力者然：好像就只怕會使出蠻力來的樣子。

⑯心頗異之：心裡覺得很詫異。

⑰旋見……余更訝焉：意為旋即看見一位面色白淨，神情儒雅的先生，走過來，坐在一邊的凳子上，看了各位一段時間，慢慢地起身，分別為他們矯正其姿勢之後，詢問才知，他就是致柔拳社的社長陳微明先生。我就更加驚訝了。

⑱蓋余意中……閒逸之書生：意為因為我概念中，拳社的社長一定是長得高大魁梧，外形精強勇猛，而他外表上看起來，就只一位神情恬靜，安閒自適的書生啊。

⑲漏三下讀之竟：漏，古代滴水、漏沙等記時的器具。概指晚上的時間。此句意為當晚，一時三刻，刻刻不停，做了一次夜貓子，就將書從頭看到尾。

⑳始悉……壬寅同年：意為才知道太極拳的起源傳承以及功效作用，並且還知道我與陳微明先生還是同在清光緒二十八年（一九〇二年）壬寅年鄉試同科考中秀才的。

㉑是歲……傳為佳話：意為這一年，陳微明先生與他哥哥陳曾壽、弟弟陳曾矩三人同時參加湖北鄉試，同科高中舉人，一家門內同時出了三名舉人，一時傳為佳話。

二水按：一九〇二年十月二十五日《申報》載：「此次中式之第五名陳曾炬、第六名陳曾壽、第八名陳曾則，均為陳秋舫殿元曾孫，塤篪競爽，同掇巍科，祖德清芬，留貽可謂綿遠矣。」

㉒余慨念……簡學齋詩者：意為我由此感慨懷念先生的曾祖父秋舫先生（陳沆，原名學濂，字太初，號秋舫，室名簡學齋），以嘉慶二十四年（一八一九年）中進士一甲一名，狀元及第，才名冠世。從嘉慶、道光，到同治、光緒，各朝讀書人裡，幾乎找不出一位沒有讀過他簡學齋詩的人。

㉓先德子青年丈：先德，對他人父親的尊稱。子青，是陳微明父親的字。年丈，對同年登科人父輩的尊稱，或稱年伯。

二水按：陳微明的父親，諱恩浦，字子青，是祖父陳廷經的庶子。屢試不第，以國學生入貲（納錢財博得名爵）中書科中書。娶周氏，生長女，早殤。生子七人，分別為：曾壽（字仁先）、曾則（字慎先）、曾矩（字絜先）、曾穀（字貽先）、曾疇（字農先）、曾言（字詢先）、曾傑（字識先），娶側室鄧氏，庶出曾餘（字厚先）、曾潛（字灼先）。光緒九年（一八八三年）攜家人從京師回湖北，寓居武昌。陳微明，諱曾則，行三。惟他與兄曾壽兩人出生於京師。

另，陳微明的祖父，諱廷經，字執夫，號小舫，或筱舫，道光二十四年（一八四四年）甲辰科進士。由庶常授編修，累官至內閣侍讀學士，時任巡視南城掌四川道監察御史，以通洋務、敢直言而名重京師。同治四年（一八六五年）一月，陳廷經奏陳講求兵制，整頓營伍，籌畫海防，置造外洋船炮，「以靖內患、禦外侮」，清廷根據陳廷經的請求，讓曾國藩、李鴻章會同商酌，此即江南製造總局和金陵機器局的由起。

㉔矜式：楷模，示範，取法。

㉕太夫人周：陳微明的生母周氏，漕運總督黃陂周恒祺之女，諱保珊，字佩雲，工書畫。書法從顏體入手，取法歐陽、襄陽，體氣勢雄，博得書家如楊惺吾、沈寐叟等讚歎。

㉖是固……以拳術鳴海上：是固，是故，因此。此句意為因此，陳家世代都是以文采博學而著稱的。而先生現在日積月累，學深養到，卻展現了他雄渾的風格，發揚內家功夫的精深要義，以拳術而聞名於滬上。

㉗翌日造廬請謁：第二天就專程去登門拜訪。

㉘不以人事……故好之愈篤：意為不會因為人事雜務而中斷，也不會因為颳風下雨而受阻，到今天將近兩年了，雖然上了年紀，進步的狀態就像是爬太行山一樣的，然而自我感覺還是有所收益，所以也就越來越喜歡了。

㉙中間……甫半而請止：意為近兩年的學習過程中，先生曾變更了教學內容，教了太極劍，我擔心同時學拳學劍，會兼顧不到，就中途請求暫定學劍。

㉚今先生……余入社之巔末如此：意為現在先生又寫成了《太極劍術》一書，還堅持讓我寫上幾句，讓我這樣一個尚未學完劍的人，來談論劍術的精妙之處，自然沒有能力來完成這一美差，所以姑且就這樣來談談我入社學習太極拳的心路歷程和前後經過。

㉛雖然……寧敢忘哉：意為雖然我中途暫停了學劍，但我女兒、侄子和孫子，都在跟先生兼學太極拳與太極劍，那麼我學劍的意願怎麼敢淡忘呢？

㉜賡續：繼續。

㉝且以……之可言：意為況且因為太極拳的精粹微妙，期盼有十年的學習時間，或許才有可能略有成就。

㉞今社中……幼稚院耳：意為現今拳社裡暫且規定了三年為一個學習階段，大概也不過如同孩童從幼稚園畢業罷了。

㉟明年余六十矣……以為息壤：意為明年我六十歲了，也是我學拳的幼稚園畢業期，那時，在我六十歲生日的時候，先生倘若看在我們是同一年考中舉人這份情誼上，能屈尊大駕來賀壽，我將在宴席上，率女兒、孫輩一起執劍起舞，還會與先生喝上一盅，來祝先生長壽。並用文字記上一筆，像是傳說中擁有神奇魔力的土壤一樣，給我與無窮的力量，鞭策鼓勵我不斷地努力提高。

㊱歲在戊辰：民國十七年，即一九二八年。

㊲錢崇威（一八七〇—一九六九年）：字自嚴、慈嚴，號崇安、蒔年。吳江松陵人。善書，清新秀逸，性豪爽，能飲酒。光緒二十八年（一九〇二年），鄉試高中秀才；光緒三十年（一九〇四年），恩科進士；民國元年（一九一二年），任江蘇省高等檢察所檢察長。未幾辭職，居滬養疴，賣文為生，或返故鄉以書畫自娛。一九五四年十月，任江蘇省文史館館長。一九六九年病逝上海，享年九十九歲。

太極劍序

劍術甚古，自昔文人學士皆習之。《魏志》稱，文帝為太子時，與鄧展飲酣，論及劍術不決，時方食甘蔗，因以習之，下殿數交，三中其臂①。戴子高②《顏習齋先生傳》：商水李子青者，大俠也，館先生，見先生攜短劍目曰：「君善此乎？」先生謝不敏。子青因請與試，先生乃折竹為劍舞，相擊數合，中子青腕③。觀此，比劍專中腕臂，與太極劍之用合，顧其法皆不傳。世之能劍者，大抵皆舞劍之類，如風捲，如電馳，如鳥落，如龍翔……容觀雖美，未必適於用也④。

吾師蘄水微明陳先生，以儒者而精太極拳，所著《太極拳》一書，流行甚廣。太極拳者，由外家翻⑤之，靜中求動，柔以克剛，所謂內家拳是也。太極劍即本太極拳之意思，用之於劍。

蓋劍之為用，盡於一擊一刺，左右前後，上下進退，皆擊之事，皆刺⑥之事也。擊之事，有正有反；刺之事，有衝有剪。外家劍如是，內家劍亦如是⑦。惟外家劍之擊刺，恒動。內家劍之動，於靜求之，守如處女，出如脫兔，後人發，先人致也⑧。外家劍之擊刺，恒剛。內家劍之剛，以柔濟之，因勢變化，莫可端倪，當之則決，按之仍虛也⑨。

故太極劍之用，不在於能擊能刺，在於擊而不擊，刺而不刺。而其妙處，則不擊而擊，不刺而刺。馴至⑩於我不必擊人也，人之擊，我即為人之自擊；我不必刺人也，人之刺我，即為人之自刺。忘人忘我，忘手忘劍，運用於無心。然後可以直之無前，舉之無上，按之無下，運之無旁⑪，藏於九地之下，動於九天之上⑫，順自然之極致，莫能與之爭鋒。

韞玉⑬幼讀儒書，慕顏習齋之為人，略習武術，乏名師指導，毫無家法。十五年從先生遊，循循善誘，得稍知內家之門徑⑭。顧年已及艾，筋骨漸僵，僅心能知之，口能言之而已⑮。茲先生《太極劍》成書，命韞玉序之，因謹述如上，不能必知言之果無誤也⑯。

民國十七年⑰一月　受業⑱涇縣胡韞玉樸安謹書

【注釋】

①《魏志》稱……三中其臂：此指《魏書》，係指《裴注三國志・魏書》文帝紀中，裴松注引魏文帝《典論・自序》。

此句意為《魏志》稱，魏文帝曹丕還在做世子的時候，與將軍鄧展等人一起喝酒，談到劍法技術問題時，爭執不下，當時酒興也酣，正在吃甘蔗解渴，於是就把甘蔗當作劍，走下宴席，相互幾番比劃，曹丕三次擊中了鄧展的手臂。

《典論・自序》此節原文如下：「予又學擊劍，閱師多矣。四方之法各異，唯京師為善。桓靈之間，有虎賁王越，善斯術，稱於京師。河南史阿，言昔與越遊具得其法。余從阿學之，精熟。嘗與平虜將軍劉勳、奮威將軍鄧展等共飲。宿聞展善有手臂，曉五兵；又稱其能空手入白刃。余與論劍良久，謂言將軍法非也，余顧嘗好之，又得善術，固求與余對。時酒酣耳熱。方食芋蔗，便以為杖，下殿數交，三中其臂。左右大笑。展意不平，求更為之。余言吾法急屬，難相中面，故齊臂耳。展言願復一交。余知其欲突以取交中也，因偽深進，展果尋前，余卻腳鄛，正截其顙。坐中驚視。」

②戴子高（一八三七—一八七三年）：名望，字子高，德清人。十四歲得祖輩所藏顏習齋先生書，據稱係李剛主所贈，於是就嘆服顏李之學，廣求顏氏遺書，作《顏氏學記》十卷。

③商水李子青者……中子青腕：意為商水縣叫李子青的人，是位大俠，他招待先生時，看見先生隨身攜帶的短劍，看了下說：「先生擅長嗎？」先生謙虛地說不很精通。李子青於是就要求試試手，先生於是就折了根竹子當做劍來耍玩，相互擊刺數個回合，都擊中李子青的腕部。

二水按：此節文辭，其實在李剛主纂編的《顏習齋先生年譜》中就有傳，王源《顏習齋先生傳》也有此節記載，但數本文辭多有出入。李剛主、王源兩人，都說顏習齋隨身佩戴的是短刀，而非劍。他們兩人都從學於顏習齋，因此更為可信。另外顏習齋、李剛主、王源等都精於刀法，這或許又與他們曾問學的另一位大儒五公山人王餘佑有關聯。王餘佑（一六一五—一六八四年），號五公山人，編著《太極連環十三刀》，徐哲東曾說：「乙太極為者，用於技擊，始見此書。」

據李剛主記載，顏習齋折竹為刀的故事，發生在康熙三十年（一六九一年）。這一年，五公山人已辭世七年，而顏習齋五十七歲。這年的七八月間，他遊歷各地，在上蔡訪理學家張沐，明辨婉引，近一個月。相互尊重人格，但互相又說服不了對方。之後便去商水，用了「吳名士」的名片，去拜見李子青。

李子青，號木天。與他談論經世濟民理論，木天很贊同先生的觀點。當時先生佩了一柄短刀，木天就問：「先生擅長嗎？」先生謙虛地說不很精通。木天就說：「先生倘若想學刀法，應當先學拳法，拳法，是武藝的根本啊。」當時酒興正酣，在庭院中，月色當空，於是木天就脫了外衣，為先生一一演示了他所嫺熟的各家拳法。看了很長時間，先生笑笑說：「能不能與先生試試手啊？」於是就折竹為刀，相互對練玩耍。沒有幾個回合，便擊中了木天的腕部。木天大驚，說：「您的武技竟然到了這等高超的境界啊！」接著，又向木天深入闡述他的經世濟民道理，木天傾倒下拜，第二天，還命令他的長子珖、次子順、三子貞，都拜先生為師，從先生遊學。

李剛主的《顏習齋先生年譜》載曰：以吳名士刺，拜李子青木天，與言經濟，木天是之。先生佩一短刀，木天問曰：「君善此耶？」先生謝不敏。木天曰：「君願學之，當先拳法，拳法武藝之本也。」時酒酣，月下解衣，為先生演諸家拳法。良久，先生笑曰：「如此可與君一試？」乃折竹為刀，對舞，不數合，擊中其腕。木天大驚曰：「技至此乎！」又與深言經濟，木天傾倒下拜。次日令其長子琥、次子順、季子貞，執贄從遊。

王源《顏習齋先生傳》載曰：商水李子青，大俠也。館先生，見先生攜短刀，目曰：「君善是耶？」先生謝不敏。子青曰：「拳法，諸技本，君欲習此，先習拳。」時月下飲酣，子青解衣，演諸家拳數路。先生笑曰：「如是，可與君一試？」乃折竹為刀舞，相擊數合，中子青腕。子青大驚，擲竹拜伏地曰：「吾謂君學者爾，技至此乎！」遂深相結，使其三子拜從遊。

④觀此……未必適於用也：將「專中腕臂」的不傳之劍術精要，與「容觀雖美」的市井劍舞區分開來。

⑤翻：翻作新聲，變換花樣之意。

⑥刺：當為「刺」。後同，不另注。

⑦蓋劍之為用……亦如是：以一「擊」、一「刺」，概述劍的技法，與吳殳以一

「戳」、一「革」概述槍法精要，有異曲同工之妙。

⑧惟外家劍……先人致也：以劍術的運動態勢，來區分內外家劍法的擊刺要義。外家劍的動，以常態的動為動；而內家劍的動，則靜中求動，後發先至。

⑨外家劍……按之仍虛也：以劍術的作用方式，來區分內外家劍法的擊刺要義。外家劍以強硬的方式作用於人，而內家劍則以柔濟之，因勢變化。

⑩馴至：也作「馴致」。循序漸進，而逐漸達到某種境界。《易經》坤卦：「履霜堅冰，陰始凝也。馴致其道，至堅冰也。」

⑪然後可以……運之無旁：意為然後可以向前直刺，了無阻擋，向上舉提，無物攔掃，按劍向下，無所截格，左右揮運，旁若無物。語出《莊子・說劍》。原文如下：

昔趙文王喜劍，劍士夾門而客三千餘下，日夜相擊於前，死傷者歲百餘人，好之不厭。如是三年，國衰，諸侯謀之。太子悝患之，募左右曰：「孰能說王之意止劍士者，賜之千金。」左右曰：「莊子當能。」太子乃使人以千金奉莊子。莊子弗受，與使者俱，往見太子曰：「太子何以教周，賜周千金？」太子曰：「聞夫子明聖，謹奉千金以幣從者。夫子弗受，悝尚何敢言！」莊子曰：「聞太子所欲用周者，欲絕王之喜好也。使臣上說大王而逆王意，下不當太子，則身刑而死，周尚安所事金乎？使臣上說大王，下當太子，趙國何求而不得也！」太子曰：「然。吾王所見，唯劍士也。」莊子曰：「諾。周善為劍。」太子曰：「然吾王所見劍士，皆蓬頭突鬢垂冠，曼胡之纓，短後之衣，瞋目而語難，王乃說之。今夫子必儒服而見王，事必大逆。」莊子曰：「請治劍服。」

治劍服三日，乃見太子。太子乃與見王，王脫白刃待之。莊子入殿門不趨，見王不拜。王曰：「子欲何以教寡人，使太子先焉？」曰：「臣聞大王喜劍，故以劍見王。」王曰：「子之劍何能禁制？」曰：「臣之劍，十步一人，千里不留行。」王大悅之，曰：「天下無敵矣！」莊子曰：「夫為劍者，示之以虛，開之以利，後之以發，先之以至。願得試之。」王曰：「夫子休就舍，待命設戲請夫子。」

王乃校劍士七日，死傷者六十餘人，得五六人，使奉劍於殿下，乃召莊子。王曰：「今日試使士敦劍。」莊子曰：「望之久矣。」王曰：「夫子所禦杖，長短何如？」曰：「臣之所奉皆可。然臣有三劍，唯王所用，請先言而後試。」王曰：「願聞三劍。」曰：「有天子之劍，有諸侯之劍，有庶人之劍。」

王曰：「天子之劍何如？」曰：「天子之劍，以燕溪石城為鋒，齊岱為鍔，晉衛為脊，周宋為鐔，韓魏為夾；包以四夷，裹以四時，繞以渤海，帶以恒山，制以五行，論以刑德，開以陰陽，持以春秋，行以秋冬。此劍，直之無前，舉之無上，案之無下，運之無旁，上決浮雲，下絕地紀。此劍一用，匡諸侯，天下服矣。此天子之劍也。」文王芒然自失，曰：「諸侯之劍何如？」曰：「諸侯之劍，以知勇士為鋒，以清廉士為鍔，以賢良士為脊，以忠聖士為鐔，以豪傑士為夾。此劍，直之亦無前，舉之亦無上，案之亦無下，運之亦無旁；上法圓天以順三光，下法方地以順四時，中和民意以安四鄉。此劍一用，如雷霆之震也，四封之內，無不賓服而聽從君命者矣。此諸侯之劍也。」王曰：「庶人之劍何如？」曰：「庶人之劍，蓬頭突鬢垂冠，曼胡之纓，短後之衣，瞋目而語難。相擊於前，上斬頸領，下決肝肺，此庶人之劍，無異於鬥雞，一旦命已絕矣，無所用於國事。今大王有天子之位而好庶人之劍，臣竊為大王薄之。」王乃牽而上殿。宰人上食，王三環之。莊子曰：「大王安坐定氣，劍事已畢奏矣。」於是文王不出宮三月，劍士皆服斃自處也。

⑫藏於……九天之上：語出《孫子兵法》形篇：「善守者，藏於九地之下；善攻者，動於九天之上，故能自保而全勝也。」善守者，能利用堅固的山川丘陵等之地利，藏於九地之下；善功者，則能利用風雷雲雨等之天時，動於九天之上。

⑬韞玉：此序作者胡樸安先生的學名。

胡樸安（一八七八—一九四七年），本名有忭，學名韞玉，字仲明、仲民、頌明，號樸安、半邊翁。涇縣人。幼承家學，精研經史訓詁，辛亥革命前抵滬，參加《民立報》等工作，任職於國學保存會掌管藏書。一九一二年秋，應黃興之邀請，任教於中國公學。一九一四年，去福建任巡閱使署秘書，主辦教育，不久告假返回中國公學繼續任教。一九一六年，去北京交通部任秘書職。一九一九年，他與汪子實上海發起組織南社之分支「鷗社」。一九二六年，出任《民國日報》社社長。一九三〇年，應葉楚倫之邀，出任江蘇省民政廳長之職，供職二年後，自呈辭職書，返回上海，繼續任教於大夏、復旦、東吳、暨南、上海、持志等大學。一九三七年，任上海《正論社》社長。一九四〇年四月，患腦出血，病廢家居，撰《病廢閉門記》。《民國日報》復刊後，復任館長，並任上海通志館館長。著有《中國訓詁學史》《中國文字學史》《詩經學》《周易古史觀》《儒道墨學說》《戴先生所著書考》《中華全國風俗志》等。

⑭十五年……內家之門徑：意為從民國十五年（一九二六年）開始，跟從陳微明先生學習太極拳劍，先生善於有步驟地引導教育，我才得以稍稍窺得一點內家拳藝的門徑。

⑮顧年已及艾……言之而已：艾，五十歲。《禮・曲禮》：「五十曰艾，服官

政。」此句意為只是我年紀已經到了五十歲了，筋骨開始有些僵硬，對於學習太極拳劍來說，只是心裡能明白拳理，口能說得出道理來罷了。

⑯茲先生……無誤也：意為現今先生的《太極劍》一書成稿了，囑咐我來寫點序言，於是就謹慎地講了上面這些話。也不能保證上面講的這些，就一定是沒有差錯的地方啊。

二水按：「不能必知言之果無誤也」句，文辭貌則謙虛，實則是作者有意為後學設了一個迷局，他的言外之意是說，他的前述文辭中，有故意設置的乖謬處。如在引用顏習齋先生折竹為刀舞時，有意將刀改作劍，用以說事論理。對於「幼讀儒書，慕顏習齋之為人」的樸安先生而言，他為學精研，學人嚴謹，按常理不會誤刀為劍的。引文時，在無關緊要處或闡作別論，或有意乖謬，也是古代文人慣用之習。

⑰民國十七年：一九二八年。

⑱受業：從師學習，或弟子對老師的自我稱謂，也稱門人。語出《孟子・告子下》：「交得見於鄒君，可以假館，願留而受業於門。」

太極劍術序

微明先生既作《太極拳術》行於世，世之人讀其書以求其術，而獲卻病延年者遍海內①。近復著《太極劍術》一書，屆稿竟，轉由湯子悟庵，索序於予②。予於劍術誠門外漢，顧能通其意，蓋予固服膺三豐祖師之道者也③。晚近羽流，徒襲形貌，自歸淘汰，而不知真道所在與儒佛同源，別有神妙，不可思議之理④。卓然特立於天地間，不求顯，亦不求競，知者自知，不知者，不強知，一任緣法離合，為真理之推移，太極劍術，其一端也⑤。

太極劍術與太極拳術，皆為武當嫡派，故太極劍術之步法手法，略如太極拳之法。不過一徒手⑥，一用劍耳。其法虛靈超脫⑦，綿綿不斷⑧，凝神斂氣⑨，歸於自然，與外家劍術迴乎不同。洵非真仙之遺傳，不能臻斯神境也⑩。

予嘗箋《三豐全集》至《無根樹丹訣》諸篇，覺其玄微精奧，神鬼爭啼，真有如說此法，天龍八部，群相讐疑之旨⑪。而祖師之苦口婆心，雖千萬世，昭然若揭也⑫。惜乎眾生俶擾，業因山積，亡羊歧路，予欲無言⑬。苟能本此冊以尋端緒，則豈特可藉國技以強種，抑亦可返真道以救國。先生之功誠偉矣哉⑭！

戊辰春，求物治齋主人黃太玄⑮序

【注釋】

①微明先生……遍海內：意為陳微明先生之前的大作《太極拳術》刊行之後，社會上很多人透過讀他的書，而去探求太極拳的練習方法，從而獲得卻病延年的功效，這樣的人，遍及海內外。

②近復著……索序於予：意為近來又著述了《太極劍術》一書，到書稿完工時，透過湯悟庵先生，來要我為他寫序言。

二水按：湯悟庵（一八九一—一九七〇年），名震龍，字悟庵。湖北浠水人，湯聘莘六子。早歲赴美留學，歷任武漢商埠公署工程處處長、華陽義賑會湖北分會督辦、漢川城隍港堤工工程督辦等，國民政府救濟水災委員會第十六區工賑局局長。從陳微明學太極拳。

大哥湯化龍，字濟武。歷任湖北省諮議局議長、湖北省軍政府民政總長、南京臨時政府陸軍部秘書處長、北京臨時參議院副議長、衆議院議長、教育總長兼學術委員會長。一九一八年出國考察時，在加拿大維多利亞市被國民黨人王昌刺殺身亡。

二哥湯薌銘（一八八五—一九七五年），字鑄新。晚朝海軍將領、民國軍事將領及政治家。晚年從事佛學研究，一九七五年在北京逝世。

③予於劍術……之道者也：意為對於劍術而言，我實在只是門外漢，但能懂得一些基本道理，原因是我誠心信奉張三豐祖師爺的道學。

④晚近羽流……不可思議之理：意為近來的道士，只是外貌服飾上照著仙道的樣子，自行將仙道實質內涵給淘汰掉了，卻不知仙道眞正的內涵，其實與儒學、佛教同出一源，又別有奇妙變化，令人不可思議處。

⑤卓然特立……其一端也：意為眞正的道學，超然卓越，屹立在天地之間，它不刻

意顯山露水，也不競勝爭能，知道的人自然會知道其妙，不知道的人，也不強求他們來瞭解，一切都聽憑因緣際會，以緣分的聚散離合，作為大道眞諦變化發展的規律，太極劍術，就是這種道學的一個方面。

⑥徒手：空手。

⑦虛靈超脫：虛懷空靈，超凡脫俗。

⑧綿綿不斷：綿綿若存，用之不勤。

⑨凝神斂氣：聚精會神，斂氣歸魂。

⑩洵非……斯神境也：倘若不是眞仙一代代承留下來的話，實在是不可能達到這種神妙的境界。

⑪予嘗箋……警疑之旨：意為我曾注釋《三豐全集》到《無根樹丹訣》等篇章，就覺得道學神秘莫測，精微深幽，像是神鬼一齊在啼鳴，有驚天地泣鬼神的莊嚴法相，眞的就像佛陀在宣法講經時一樣，娑婆世界中，天、龍、菩薩、聲聞、人與非人等，大家都紛紛顯露驚訝疑惑的意思來。

⑫而祖師……昭然若揭也：意為仙尊祖師之慈悲的教誨，耐心反覆，語重心長，即便經歷了千百年，依然像是日月懸掛於浩瀚天空之中，明明白白，清清楚楚。

⑬惜乎……予欲無言：意為可惜因為世事動盪，人心開始躁亂，各種孽惡因緣，像山一樣越積越高，人們就像是迷途的羔羊，誤入山谷之中，盤旋在岔路上，迷失方向。此情此景，就像孔老夫子一樣，只能保持沉默，「我無話可說了啊」。

⑭苟能……誠偉矣哉：意為倘若人們能夠由閱讀這本書，而找尋出一些線索，那麼就不只是可以憑藉這項傳統文化精髓，來增強我們的民族自尊，也可以將我們的國家從迷途中走出來，找到正確的拯救國家之路。先生的功勞，實在是太偉大了啊！

⑮黃太玄（一八六六—一九四〇年）：字履平，號劍秋，自署玄翁，求物治齋主人等，室名今野史亭，黃山人。作家，文章散見民初《大共和日報》《小說時報》《大衆》等。擅書畫，精辭藻，師從張裕釗。曾為劉三勘訂《黃葉樓遺稿》，為吳杏芬作《唐母吳太夫人家傳》，為錢名山作年譜。當時滬上被公認在書畫界文筆最好的人，書畫家每有文字之需，或多有求於他。

太極劍序

易曰：「苟非其人，道不虛行」①，此言傳道之難，其人也難。雖技藝，亦然。黃百家《內家拳法》言五不可傳，心險者居其首②。

余遊京師，聞廣平楊氏精太極拳，心慕之。問之與楊氏稔③者，皆言楊氏不肯傳人，而楊氏之徒，言亦若是，豈不異哉！及遇楊澄甫先生，從之學，始知楊氏非不傳人也。嗟夫，以得楊氏之傳食其技者④，乃誣其師門，造種種不實之事，聞之者，即據以作為筆記小說，其居心，非百家所謂不可傳者耶⑤？楊澄甫先生傳余太極拳劍，拳術已付梓流行，今復將劍術筆述成書，公之於世。此亦澄甫先生之志也。

太極劍之姿勢，均以拳之姿勢為基礎。其非太極拳之姿勢，亦有名為太極劍者，則余不敢知已。

前聞李芳宸將軍精劍術，得異人之傳授，孫祿堂先生嘗稱之。今年將軍過滬，往見焉⑥。將軍為人特俊爽，慨然以二人比劍之法相授。觀其意，全運用腰腿，與太極拳之推手聽勁無異。惟有時劍不粘連，相離半寸許耳，真武當太極劍法也。澄甫先生所傳，無二人相比之定法。得此則太極劍之體用備矣。俟⑦習之精熟，再述為書，以餉⑧世人。

丁卯冬十二月　陳微明識

【注釋】

①苟非其人，道不虛行：語出《易經・繫辭》：「《易》之為書也不可遠，為道也屢遷，變動不居，周流六虛，上下無常，剛柔相易，不可為典要，唯變所適。其出入以度，外內使知懼。又明於憂患與故。無有師保，如臨父母。初率其辭而揆其方，既有典常。苟非其人，道不虛行。」

意思是說《易經》這本書所揭示的「道」，廣大悉備，卻非一成不變。「道」，周流六虛，上下無常，剛柔相易，所以不能用程式化的思路來看待它。只有「變」，才是大道唯一不變的法則。外內、出入、隱顯、形藏、屈伸、往來，一一皆以把握陰陽屈伸、消息盈虛的「度」為適應變化之準則。知道了這一道理，就能依循卦爻之辭而揆度其道義，才能使知懼而明憂患，易學之「道」，也就有典常可尋了，即便沒有老師教導，也會像是孩子始終有父母在身邊一樣。所以說，「道」雖然是客觀存在著，倘若沒有合適的人來體悟此「道」，那麼「道」學，是不可能憑空流行於世的。

②此言……心險者居其首：微明先生認為《易經》的這句話，一方面在說，作為學生，要傳承「道」學是一件非常不容易的事；另一方面，作為老師而言，要找到一位合適的傳承者，也難。雖然說，太極拳劍只是一門技藝，其實都會面臨這個問題。所以黃百家的《內家拳法》中有「五不可傳」的規定，「心險者」排在是第一。

二水按：微明先生所指的黃百家《內家拳法》，其實是張潮輯《昭代叢書》時，將黃百家《學箕初稿》本之《王征南先生傳》，芟其首尾，更名作《內家拳法》。此書云：「征南先生有絕技二：曰拳，曰射……先生亦自絕憐其技，授受甚難其人，亦樂得余而傳之。有五不可傳：心險者、好鬥者、狂酒者、輕露者、骨柔質鈍者。」

人。

③稔：熟悉。

④以得楊氏之傳食其技者：得到了楊氏拳藝，依靠傳授此拳藝來養家糊口的那些人。

⑤其居心……不可傳者耶：他們的居心，不就屬於黃百家「五不可傳」所說的「心險者」嗎？

⑥前聞……往見焉：意為之前聽說過李芳宸將軍精於劍術，得到了傳奇高人的傳授，孫祿堂先生也曾讚賞過他。今年，李將軍到了上海，於是就去拜訪了他。

二水按：李景林寓居上海後，看到「武當太極拳社」的「武當」名號，因為李將軍之劍術得傳武當山第十三傳陳世鈞先生所授，所以就由副官帶了他的名片到了武當太極拳社。葉老師一看名片，是三年前孫祿堂跟他說起過的精通武當劍術之李將軍，覺得機緣來了，於是就拜他為師。

後來又介紹了陳微明、陳志進等向李將軍學習武當對手劍法。葉大密老師《柔克齋太極傳心錄》裡「記奇遇李景林將軍」一文，詳載此事：

丁卯（一九二七年）十一月某日，突來一不知姓名之客，持硃紅色大名片訪余，顧視之，原是三年前形意、八卦、太極名家老前輩孫祿堂老伯所說精通武當劍術之李芳辰

（宸）將軍。今得此機會，驚奇靡已。

來使遂偕余至祁齊路（今岳陽路）寓所拜見將軍，一望而知是儒者風度之大將，無赳赳武夫氣象。後觀余練楊家太極拳劍畢，歎曰：「不失武當眞意，曩日在奉直各省所見者，夾有八卦、形意，非純粹之太極可比。」回顧左右眷屬及侍從者云：「爾輩不習此拳，難得余劍之眞傳。」言罷，隨手取劍起舞，矯若神龍，變化莫測，清靈高雅，歎為觀止。當即懇求執弟子禮，果允所請，為余一生之大幸事。

時陳微明、陳志進諸友在滬辦致柔拳社，約往學習，以資提倡。

查《寧波府志》及清黃宗羲《王征南墓誌銘》均未提及武當劍事，足見太極拳、武當劍早已分傳：習太極拳者不習武當劍；習武當劍者不習太極拳。今余曾將拳劍兩者兼而習之，一如原來不分散之面目，李老師之功也。爰作斯文，以期不忘云爾。

㈠李老師武當劍係武當山第十三傳陳世鈞先生所授，先生皖北人，為袁世凱幕友。

㈡武當劍學習法：初習對劍分五路；次活步以十三勢隨意對擊，但須劍不見劍；最後舞劍，行氣似流雲，極自然之妙。

師云：「配琴舞之，更有古雅之趣，不同凡俗，他劍焉能道此。」

丁卯冬紫霞山人葉大密識於武當太極拳社

⑦俟：待也，等到。
⑧餉：饗也，分享。

太極劍目錄

【注釋】

①射燕式：係「射雁式」之誤。

②白虎搖尾：係「白虎攪尾」之誤。

太極劍

太極劍起勢

左手執劍：拇指、中指、無名指、小指，握劍雲頭①。食指下垂，貼劍柄②。劍平面③貼臂後面，劍尖朝上。

右手下垂。身正立，向南，如太極拳初起勢。如第一圖。

圖1　太極劍起勢

【注釋】

①雲頭：劍之首。相對手所執握的上端，謂之劍首；手所執握的下端，則謂之劍後，也叫劍鐔。

《考工記》云：「桃氏為劍，臘廣二寸有半寸，兩從半之。以其臘廣為之莖圍，長倍之。中其莖，設其後。參分其臘廣，去一以為首，廣而圍之。」鄭司農云：「謂劍脊兩面殺趨鍔。莖，謂劍夾，人所握，鐔以上也。謂莖，在夾中者，長五寸。」戴東原注云：「臘，謂兩刃。劍兩刃、兩脊分其面為四通，謂之臘。其面平，故言廣。廣，即圍也。刃後之鋌曰莖，以木傅莖外，便持握者，曰夾。後，謂劍環，即鐔也。在人所握之下，故名後。與人所握之上，名首。相對之稱也。中其莖，設其後者，鐔。大於莖，令莖在中而設之，不偏左右也。」

②劍柄：中間的莖，謂之鋌。外面包裹的木柄，謂之夾。

③平面：劍身平廣的臘。劍身中間有脊，脊將劍身分作兩面，面廣而平，稱作臘。臘之鋒利刃口，謂之劍鍔。

三環套月

右手捏劍訣：食、中二指並直，無名指、小指，屈於掌心，拇指屈按無名指頭節處。如太極拳之摟膝拗步。腰往下鬆。右手隨腰往後圓轉而上，轉由右耳邊指出。左手握劍，同時隨腰而上，由胸前往右，轉至左膝處，劍仍貼臂向後。左足同時往東邁一大步，腰隨手前進，左腿坐實。如第二圖。

左手握劍，直穿至右手上。右足同時前邁一小步，足尖點地，仍坐右腿①。此式如太極拳之上步七星。如第三

圖2　三環套月

圖3　三環套月

圖。

兩手同時兩邊分開，轉一圓規，復合於前面。左足同時前邁一大步坐實。此式如太極拳之雙風貫耳。如第四圖。

圖4　三環套月

【注釋】

①仍坐右腿：或係「仍坐左腿」之誤。

二水按：右足前邁一小步，足尖點地，如太極拳之上步七星，此時，無論從文字還是圖片來看，應該是仍然坐在左腿上。結合上勢，「左腿坐實」句，此處「仍坐右腿」的「仍」，應該是「仍坐左腿」之上。但下勢中，從「左足同時前邁一大步坐實」來看，仍然坐實的左腳，是不可能直接同時前邁一大步坐實的。所以，從前後文來分析，此處缺失了一個虛實轉換的動作。而且「右足同時前邁一小步」的「前邁」，其實也應該是向右前方邁步，之後，「左手握劍，直穿至右手上」時，理應是手隨腰一齊向右前方，直至將重心移到右腳坐實。

大魁星

右手與左手相合，隨即將劍轉換於右手。右手執劍，直面（劍刃向上下謂之直面）往下、往後轉一大圓規。左手隨捏劍訣，隨右手在裏，同時轉一大圓規。眼神看劍尖，隨劍轉動。右手不停，往後往上，將劍轉至頭上，仍是直面，劍尖向東，劍要極平①。左手捏劍訣，轉至前面，兩指向上②。坐實右腿，左腿提起，足尖向下。眼神亦轉向東看。此式如太極拳之金雞獨立。如第五圖。

圖5　大魁星

【注釋】

①劍要極平：武當對手劍法中，謂之「提」。提者，擡之使揚也。

②左手捏劍訣……兩指向上：劍乃君子器，左手捏劍訣，指哪打哪，意有「看打」諸

類的預警效用。劍，也為兵器詭道，亦可聲東擊西。但手捏劍訣，兩指向上指天，則不可。以手指天而畫地，此無畏也，為民俗所禁忌者。

燕子抄水

右手執劍，直面往西南砍①去，隨轉向下，愈低愈好，掃地而起，轉為平面②（劍刃向左右謂之平面），劍尖向東南，略朝上③。眼神與腰亦隨之而轉。左手捏劍訣在裡，隨右手而轉至額上。左足同時向東北邁出坐實，步之距離，與太極拳之玉女穿梭相同。如第六圖。

圖6　燕子抄水

【注釋】

①砍：武當對手劍中，謂之「擊」。擊者，敲之使退也。

二水按：吳修齡《手臂錄》之後劍訣云：「劍術眞傳不易傳，直行直用是幽元，若唯砍斫如刀法，笑刹漁陽老劍仙。」楊式《太極劍歌》襲用此訣，改作：「劍法從來不易傳，直來直去勝由言，若仍砍伐如刀者，笑煞三豐老劍仙。」劍器輕清，其用大與刀異。不管是後劍訣還是太極劍歌，都是不主張劍法像刀法一樣砍斫劈伐。

②掃地而起，轉為平面：武當對手劍中，謂之「壓」。壓者，鎮之使定也。

③劍尖向東南，略朝上：武當對劍中，謂之「洗」。洗者，由下掠上也。

右攔掃

右手執劍，往上往北斜面轉動，又向下轉，轉為平面，至與左肩平時，隨往東南平砍①，劍仍平面，劍尖向東北。左手捏劍訣，隨右手轉動，距右手腕二三寸許。右足同時向東南邁出坐實。眼神與腰，亦隨劍轉動。此式如太極拳之玉女穿梭。如第七圖。

圖7　右攔掃

【注釋】

①平砍：武當對手劍中，謂之「抽」。抽者，拔於後也。

左攔掃

右手執劍，往南平面轉動，又略向下轉，仍為平面，轉至與右肩平時，隨往東北平砍①，劍仍平面，尖向東南。左手捏劍訣，隨右手轉動，距腕二三寸許。左足同時向東北邁出坐實。眼神與腰，亦隨劍轉動。此式如太極拳之玉女穿梭。如第八圖。左右攔掃，或二次或四次均可。

【注釋】

①平砍：見「右攔掃」之注。

圖8　左攔掃

小魁星

右手執劍，由平面轉為直面，往上、往北又往下轉動。右足往東南邁，足尖向南，坐實右足；左足亦往東南邁出，足尖點地。右手提劍不停，由下而起，轉至頭上，劍仍直面，劍尖斜向下，亦向東南。左手捏劍訣，同時隨右手轉動，兩指向上，與大魁星同。如第九圖。

圖9　小魁星

燕子入巢

右手執劍，往下、往後圓轉。右足用足尖，亦隨之往後，轉向西北。左足斜向西北前邁，坐實。左手在裡，隨右手轉至後面時，即放開，托右手背，兩手托劍，往西北平面刺出。此式如太極拳之指膽①錘。如第十圖。

【注釋】

①膽：當作「襠」。後同，不另注。

靈貓捕鼠　蜻蜓點水

兩手托劍回收①。右足提起，足尖斜向下，如第十一圖，旋即踢出，極力向西北邁去。左足騰起，向前一點。右足又往前一躍。右手之劍，同時向西北平面刺去。左手捏劍訣，轉至額上。右足坐實。如第十二圖。右手之劍刺出後，又略收回，向前一點②，此之謂蜻蜓點水③。此式如太極長拳之右扇通臂。

圖10　燕子入巢

圖11　靈貓捕鼠　蜻蜓點水

圖12　靈貓捕鼠　蜻蜓點水

【注釋】

①托劍回收：有「壓」劍之意。

②點：武當對手劍點劍中，點者，制之於上之謂。

③蜻蜓點水：嚴履彬《太極劍》補正稿載「蜻蜓點水」式：繼靈貓捕鼠之勢，將左足略提起，即落地坐實（不提亦可），足尖斜向下。右手之劍，隨提右足之勢略收回。右足旋即踢出，向西北邁去著地後，左足即騰起，向前一跳，右足繼之再向西北進一步坐實。右手之劍，乘右足前躍坐實之勢，向前朝下一點。左手捏劍訣，仍在額前未動，餘如前勢。

二水按：微明先生弟子嚴履彬，遵師囑，曾對《太極劍》數勢都有補正。一九五九年十月，微明先生弟子梁溪榮如鶴先生，從嚴履彬贈貽同學張海東的抄本中，抄錄後，贈貽李祖定。李祖定係微明先生女婿，他與微明先生女兒陳邦琴夫婦兩人，曾從家師慰蒼先生學習太極拳，復將此補正稿，抄贈家師。

黃蜂入洞

右足跟轉動，使足尖向南。右手執劍，隨腰轉向北，眼轉向西北看。左手屈抱。右足又用足尖旋轉一周。左足提起，亦旋轉一周。復往西北邁去。右手與左手，同時隨身旋轉一周，左手仍放開，托右手背，兩手托劍，往西北平面刺出。坐實左腿。參觀第九圖①。

【注釋】

①第九圖：當為「第十圖」。

二水按：第九圖是小魁星之成勢圖，坐實右腳，而左腳腳尖點地。而此式，坐實左腿，兩手托劍，平面刺出，像是燕子入巢之成勢。

鳳凰雙展翅

左手放開，轉至右手腕上相合，左手捏劍訣，手心向下。左足跟向北轉。右手與左手分開，右手之劍，平面向東南削去①，在上。左手向西北分開，在下，左手心向下，右手心向上。右足亦向東南邁去坐實。此式如太極拳之斜飛式。如第十三圖。

【注釋】

①向東南削去：武當對手劍中，謂之「截」。截者，阻之勿進也。

圖13　鳳凰雙展翅

左旋風小魁星

右手執劍，由平面轉為直面，往上往西北、又往下，隨腰轉動①，坐實左腿。右足提起，落下，足尖向南，坐實右足。左足往東南邁出，足尖點地。右手提劍不停，由下而起，轉至頭上，劍仍直面，劍尖斜向下，亦向東南。左手捏劍訣。同時隨右手轉動，兩指向上。參觀第八圖②。

【注釋】

①右手執劍……隨腰轉動：武當對手劍中，謂之「攬」。攬者，能失敵之主張，居中禦外，統領八方，似太極拳十三勢之「中定」，武當對手劍之十三勢，以攬為定，凡十二勢之動作，皆兼而有之者也。

②第八圖：當為「第九圖」。第八圖，係左攔掃。第九圖，係小魁星之成勢。

右旋風等魚式

右手執劍，劍直面往下、往後圓轉。左足往後退一步。右手之劍，往後又轉上、又轉向東南，劍仍直面①。左

圖14　右旋風等魚式

手同時隨右手轉回，揑劍訣，離右手二寸許。右足同時退後一步，足尖點地，亦向東南。如第十四圖。

【注釋】

①劍仍直面：此劍勢，往後又向上時，右手握劍，手心朝上，隨著手臂下沉之勢，劍直面向下，劍鍔前三分之一處，劍勢往下扣擊。此謂之「扣」。

撥草尋蛇

右手執劍，由直面隨腰往左略轉，漸變平面，又向右轉回，往南砍①去，劍仍平面，劍尖向東，劍與手平。眼神與腰，亦隨之而轉。左手揑劍訣，隨右手轉動，距右手腕二三寸許。右足同時向東南邁出，坐實。眼神與腰，亦隨劍轉動，此式如右攔掃，惟劍低平，劍尖向東，略不同耳。參觀第七圖。

右手執劍，往右略轉，又往左轉回，劍仍平面，往北砍去，劍尖向東，劍與手平。眼神與腰，亦隨之而轉。左手揑劍訣，隨右手轉動，距右手腕二三寸許。左手②同時向東北邁出，坐實。眼神與腰，亦隨劍轉動，此式如左攔掃。

參觀第八圖。

撥草尋蛇。可作三次或五次。

【注釋】

①砍：兩處砍勢，武當對手劍中，皆為「截」勢。

②左手：係「左足」之誤。

懷中抱月

撥草尋蛇三次或五次，轉至右面時，左足向後（即向西）退一步。右手之劍，往懷中裏回，使手背向上者，變為手心向上①。身隨劍收回之勢，坐實左腿，向下略低。右手執劍，近左肋

圖15　懷中抱月

處，劍平面，離身四寸許，劍尖向東。左手揑劍訣，亦隨右手收回，略在右手之上。眼神向東。如第十五圖。

【注釋】

①使手背向上者，變為手心向上：隨著左足向後退步，手背向上者，變為手心向上，劍勢有「抽」「帶」之意。武當對手劍中，抽者，拔於後也。帶者，攻其虛而避之也。

宿鳥投林

左足①往前邁一步（即向東），身隨右足②提起。右手執劍，往上刺去（亦向東），左手亦隨右手向上，相距二寸許。左足提起，膝向西北，足心貼右腿，足尖向下。眼神隨劍尖往上看。如第十六圖。

圖16　宿鳥投林

【注釋】

①左足：係「右足」之誤。

二水按：承前懷中抱月勢，左腳坐實，右腳呈腳尖虛點地之勢，此時右腳可以向前邁進，而左腳則不便。

②右足：係「左足」之誤。

二水按：後文「左足提起，膝向西北，足心貼右腿，足尖向下」，其實是對這一動作的進一步說明，非另一動作。

烏龍擺尾

左足往後退一步（即向西退），身隨左足坐下。右手①隨左足提回，如等魚式，足尖點地向東南。右手之劍抽②回，由平面而變為直面，抽②至右膝後，劍尖下垂，亦略向東南。左手捏

圖17　烏龍擺尾

劍訣，轉至額上。眼神下視劍尖。如第十七圖。

【注釋】

①右手：係「右足」之誤。

②抽：此兩「抽」，在武當對手劍中，皆為「截」勢。

二水按：此勢，其用在劍鍔前三分之一處，順著身形後側、曲張、擺扭，劍勢呈現由上而下，由右上而落左，再掠向右下的S型軌跡，旨在退勢之中，阻格對手之劍勢於身形之外，謂之「截」。而劍之「抽」勢，只是將因被對手截、壓、提、格而受阻之劍，從後拔出。

風捲荷葉

右足向西南退半步，右手之劍，隨右步退勢，由直面往外，又向裏裹①，轉為平面。左

圖18　風捲荷葉

足隨右足收回，略點一步。右手之劍，裏①至肋下時，即向東北刺去。左足亦同時往東北邁去。左手本在額上，由額上同時往外、往下，轉至心口，又往上翻，仍至額上。左右手足，皆同時變動，不可有先後。如第十八圖。

【注釋】

①裏：兩個「裏」字，非常精到。此勢在武當對手劍，謂之「壓」。壓劍，以劍之平而廣的兩臘，其用在劍身中段三分之一處，其意則在劍首，由劍首通過劍脊，將劍勢傳達至劍臘，鎮住對手之劍勢，使之勿妄動，為後勢之「刺」創造條件。

獅子搖頭

左足尖轉向東南，右手之劍，由手心向上，往肋內轉至手心向下。劍尖本向東北者，轉至劍尖向西北。右手之劍，往南往西轉動。右足隨右手轉身，往西北邁去。右手之劍，同時往北砍①，劍尖向西，右手心仍向下。身向東北者，此時已轉向正西。左手亦隨右手轉動，捏劍訣，距右手二三寸許。如第十九圖。

右手之劍，手心向下者，往右略轉動，又往左轉回，轉至手心向上，劍仍平面，往南砍去，劍尖向西，劍與手平。眼神與腰，亦隨之而轉。左手捏劍訣，隨右手轉動，距右手腕二三寸許。左足同時略向後退半步，坐實。此式如太極拳之倒輦猴，惟步略開耳。如第二十圖。

右手之劍，手心向上者，往左略轉，又往右轉回，轉至手心向下，劍仍平面，往北砍去，劍尖仍向西，劍與手平。眼神與腰，亦隨之轉。左手同前。

圖20　獅子搖頭

圖19　獅子搖頭

右足同時向後退一步，坐實。此式如太極拳之倒輦猴。如第二十一圖。或退四步，或退六步，退至右足在後而止。

【注釋】

①砍：三處砍字，楊式劍勢皆作「搖」勢。武當對手劍中，皆為「抽」「帶」之勢。抽者，拔於後也；帶者，攻其虛而避之也。或抽或帶，皆為避虛就實之預備，所以，在抽帶之中，倘若有機可乘，可點可擊，可刺可劈。

虎抱頭

右足退後時，兩手向左右分開，又向內合。右手心向下者，向內合時，轉

圖21　獅子搖頭

圖22　虎抱頭

至手心向上。右手之劍，轉至胸前停住，左手在下，托右手背。左足坐實不動，右足提前，足尖點地，身仍向西。如第二十二圖①。

【注釋】

①左足坐實不動……如第二十二圖：文字描述與圖式所示，於兩足前後虛實處有訛誤。

二水按：文字描述中：左足坐實，右足提前，足尖點地。而第二十二圖演示的劍勢，卻是：右足坐實，左足提前，足尖點地。左右足正相反。

從虎抱頭之劍勢而論，此係右攔，上提之勢，為後勢之野馬跳澗作鋪墊，所以文字描述左足坐實，右足提前，足尖點地，正好為野馬跳澗之右足提起，往西躍刺作預備。文字描述顯然是正確的。

微明先生此套劍勢，似拍攝於寓所內之小天井中，場地侷限，每勢非動態中的劍勢抓拍，係靜態擺拍。擺拍時，兩足之前後，因不受劍勢驅使，極易混淆而致誤。

野馬跳澗

兩手托劍回收，右足提起，往西躍刺，與靈貓捕鼠步相同，惟略往高躍耳。刺出時，兩手仍托劍。參觀第十圖。

翻身勒馬①

兩手托劍，劍平面往上起，由頭上轉過。身向西者，由右往左轉，使面向東。右足跟轉，坐實右足。左足提回，足尖點地向東。兩手所托之劍，同時由頭上平面落下回收。如第二十三圖。

圖23　翻身勒馬

【注釋】

①翻身勒馬：嚴履彬《太極劍》補正稿載「翻身勒馬」式：繼前勢「野馬跳澗」，兩手托劍，眼神向西平視，由前腿弓步，右足跟往左轉，使足尖轉向東南，身體隨之轉向東，左足稍提起，落下，略坐實，足尖亦向東。同時兩手所托之劍，由西轉動時，左右分開，又旋轉向西如前，右手之劍轉至胸前停住，左手在下托右手背。全體重心移於右腿坐實，左足隨之略向後微收，足尖點地。眼神向東平視。

上步指南針

左足向前進一步，右足隨上，與左足並齊。兩手托劍，向前刺出，面仍向東。如第二十四圖。

迎風拂塵①

右手之劍，向右轉動，腰亦隨轉。

圖24　上步指南針

又往左轉回，劍平面往北砍去，左足前進。與左右攔掃相同，惟劍略高耳②。或三次，或五次。參觀第七第八兩圖。

【注釋】

①迎風拂塵：嚴履彬《太極劍》補正稿載「迎風拂塵」式：繼前勢「上步指南針」，右手之劍，向右轉動，手心漸向外，劍亦由平面變為直面，劍尖往上斜向東南，右手之劍直面，續隨腰往上轉向西南，劍尖仍是斜向上，左手捏劍訣，同時與眼神亦轉向西南。此時左足提起，向前邁進一步。右手之劍漸向下，手心斜向上，劍仍變為直面，隨腰身由下漸上，轉向東北，劍尖斜向上。左手捏劍訣，同時與眼神亦隨之轉向東北。右手之劍直面，由東北續隨腰身轉向西北，劍尖仍斜向上，手心向內。左手捏劍訣，與眼神亦隨之轉向西北。此時右足提起，向前邁進一步。右手之劍漸向下，手心斜向外，劍仍變為直面，隨腰由下漸上，轉向東南，劍尖斜向下。左手捏劍訣，同時與眼神亦隨之轉向東南（三次或五次均可，進步以左足在前而後至）。

②與左右攔掃相同，惟劍略高耳：兩勢外形略似，其用則不同。二水按：左右攔掃，劍勢由下而上，意念由劍鍔中節三分之一處，朝劍鍔梢節前三分

之一處變化，其用在一攔一掃。以武當對手劍法，慣以一抽一帶，或拔於後，或擊其虛。而此勢迎風拂塵，重在一拂一撣。武當對手劍法，則以一截一擊，有隨擊隨過之意。

順水推舟

迎風拂塵，轉至左足在前時，右足往後退一步，左足隨之後退，足尖點地。右手之劍，同時由斜平面，而轉為直面，劍刃往下、往後，轉一大圓規①。左手捏劍訣，隨右手在裡，同時轉一圓規，眼神看劍尖，隨劍轉動。右手不停，往後、往上，將劍轉至頭上，仍是直面，劍尖略向東北刺去。左足同時往東北邁一大步，坐實，足尖亦向東北。左手捏劍訣，轉至前面，兩指向上，眼神亦隨劍尖往前看。

圖25　順水推舟

此式如太極拳之扇通臂。如第二十五圖。

【注釋】

①右手之劍……轉一大圓規：此劍勢在武當對手劍法中，是經典的「反崩」。二水按：由下而上，翻腕將劍勢作用於劍尖，以崩對手之腕膝處，謂之崩。崩劍時，持劍之右手，轉臂捷用，手背轉向內，小指朝上，由下而上翻動腕部，以少陽之劍勢崩於對手腕膝處，謂之反崩。

流星趕月

左足跟往南轉，使足尖向東南，右足同時往西北邁去。右手執劍，由頭上往西北砍①去，左手同時亦分開向東南。如第二十六圖。

【注釋】

①砍：宜作「劈」勢。

圖26　流星趕月

二水按：「砍」係刀法，其勁力運於腕部，其用在刀刃之中段靠近刀柄處，意念由刀背貫穿至刀刃。而劍法中，砍伐之意，往往失去了劍器之輕清精妙。武當對手劍法中，大開大合的劍勢，則用「劈」勢，由上而斬下，其勁力由腰背而肩而肘，以肘使勁，將腰背之勁力，直接貫穿至劍鍔之中節朝劍尖之前三分之一處，左手以掌灌勁，以助右手劍勢。

天馬行空

右手執劍，手心向南，由下往北轉上①。左足往南邁一步，身即向南。劍同時不停，由後面從頭上往南下砍②。左手同時與右手相合，以手心扶右手腕上。左足③亦同時往南邁一大步，足尖點地向南，眼神向南看。如第二十七圖。

圖27　天馬行空

【注釋】

①右手執劍……往北轉上：此勢在楊式太極劍中為「撩」勢，似武當對手劍法之「提」。

二水按：以劍鍔之前三分之一處，轉臂翻腕，粘（沾）黏著對手之劍，使對手之劍勢揚起，而顯露臉面、胸腹之門戶。

②砍：宜作「截」勢。

③左足：係「右足」之誤。

挑簾式

右足提起、落下，足尖與左足跟相對，成八字形，相離五寸許，使足尖向西北。右手將劍提起至頭上，左手仍扶右手腕，劍尖斜向下。左足同時提起，足尖向下。如第二十八圖。

圖28　挑簾式

左右車輪劍

左足落下，與右足成八字形，使足尖向西南。右手執劍，隨腰往東轉，由下而上，轉一大圓規，眼神隨劍尖轉動。右足同時往西邁一大步，劍由上往西砍①去。左手同時與右手兩邊分開，向東，眼神隨劍往西看。此式與流星趕月相同，惟方向不同耳。參觀第二十六圖。

右手執劍，手心向東，由下往東而上，轉一大圓規。右足往西邁一大步，身即向西。劍同時不停，由後面從頭上，往西下砍②，左手同時與右手相合，以手心扶右手腕上。左足亦同時往西邁一大步，足尖點地向西，眼神向西看。此式與天馬行空相同，惟方向不同耳。參觀第二十七圖。

【注釋】

①砍：楊式太極劍此勢作「輪刺」勢，亦作「劈」「刺」勢。

大鵬單展翅

右手執劍，往左略轉，轉至手心向上。左手轉至右手腕上面相合，手心向下①。左足跟往北轉，使足尖略向東北，右足往東北邁去。右手之劍，由下漸漸而上，往東北平面削②去。左手隨右手轉至胸前，手捏劍訣向北，眼神亦向北看。如第二十九圖。

圖29　大鵬單展翅

【注釋】

①右手執劍……手心向下：他家傳承的楊家太極劍譜中，皆有「燕子啣泥」譜名。此勢中略有「燕子啣泥」之意。

二水按：燕子銜泥勢，取「乳燕掠泥輕」之意，「掠」字，道盡劍器輕清，「燕泥頻掠過東家」，折返頻掠，也取「閃賺」之意。在武當對手劍法中，轉臂捷用，突然改變劍勢方向，以劍鍔之尖，如燕泥折返頻掠，由上而下（可正可斜），輕取對手之頸、肩、腕、膝。

②削：此劍勢，可「撩」，可「刺」。

海底撈月

右手之劍，復往右轉，略往下沈①，使劍尖朝上。左手捏劍訣，亦隨之轉，在右手肘裏灣②略停。劍由直面，往外又向裏裹，轉為平面。左足提起、落下，使足尖向西南。右手執劍，裹至肋下時，即向正西刺去。右足同時往西邁去，足尖向西。左手同時轉至頭上。參觀第十一圖③。

【注釋】

①沈：同「沉」。

②灣：宜作「彎」。

③第十一圖：或「第十二圖」之誤。

二水按：第十一圖，係靈貓捕鼠躍步前跳之前的預備動作，與上述動作要領不同。據微明描述的海底撈月式，或係似第十二圖靈貓捕鼠之成勢。在他家傳承的楊式太極劍中，此劍勢作由下而上劃半圓形撩刺，而非裹至肋下時的平刺。在武當對手劍法中，持劍手腕上翻，手背朝下，劍勢由下而上，作半圓上掠撩，謂之「洗」，也屬於大開大合的劍勢，意在從對手兩腿間向上，朝胸腹臉面掠去，有「洗劫一空」之意。

懷中抱月

如前法。如三十圖①。

【注釋】

①三十圖：第三十圖。脫「第」字。

圖30　懷中抱月

夜叉探海

右足往西邁，身隨右足往前。劍往西、往下刺去。左手亦隨右手而下，相離二寸許。左足提起，眼神隨劍尖往下看。如第三十一圖。

犀牛望月

左足往東橫邁一步。左手由下往東、往上，轉一大圓規。右手之劍，由下提起，由西往東收回，在胸前，劍由平面而轉為直面，劍尖仍向西①。左手同時轉至右手內相合，仍捏劍訣。左腿坐實，眼神仍向西看。此式如太極拳之披身伏虎。如第三十二圖。

【注釋】

①右手之劍……劍尖仍向西：此劍勢在退

圖31　夜叉探海

圖32　犀牛望月

守中，尋得先機。武當對手劍法，勢作抽帶，從被制之境中，拔劍而出，另覓就虛避實之計。

射雁式

右足不動①。右手之劍抽回，抽至右膝後，劍尖向下向東南。左足同時隨右足提回，足尖點地，亦向東南。左手同時提起在胸前，眼神及左手指，均向東南。如第三十三圖。

圖33　射雁式

【注釋】

①右足不動：楊式他家傳承的太極劍，多以行功步，而非定式步。此勢，右足易前上一步，至東南，左足隨即跟進一步，成虛步。進步跟步的同時，劍勢隨身形的移動，以劍鍔前三分之一處，由上而下壓劈，或截至右膝外側。

白猿獻果①

左足向東南前進一步，右足同時前進，與左足並齊。右手之劍，由直面變為平面，向東南上刺。左手心托右手背。身直立，眼神仍向東南。此式與指南針相同，惟劍略高耳。參觀第二十三圖。

【注釋】

①白猿獻果：此勢他家傳承的楊式太極劍中，多作「青龍探爪」勢。

二水按：白猿獻果與青龍探爪兩勢，名稱不同，劍勢也各有千秋。青龍探爪，重在「探」字，進步跟步的同時，劍勢隨身形的移動，右手提劍直向斜上角斜刺，或斜擊，左手拍擊持劍之右腕，形成合力，以助劍勢。

而白猿獻果，重在「獻」字，右手平刺之劍，隨身形稍稍後仰復原之勢，雙手也隨之分開，再復合，而劍勢隨著轉臂翻腕，劍尖完成了順時針的小圈，有沿著對手頸項右向、左向輕輕點刺之意，之後右足跟進至左足併，身形直立，右手之劍托平，手背向下，彷彿劍臘前端置一果實，躬身進獻之意。

鳳凰雙展翅

此式變法如前，惟右步往西北邁，劍由西北削①去，兩手分開。參觀第十一圖。

【注釋】

①削：可作撩刺，或作崩劍勢也可。

左右跨攔①

右足往南，橫邁一步。左足隨右足，亦往南橫邁一大步。右手之劍，由西北往南收回，橫在胸前，手心向上，劍仍為平面，劍尖向北。左手扶右手腕。如第三十四圖。

圖34　左右跨攔

左足往北橫邁一步，右足隨左足，往北橫邁一大步。右手之劍，往左略轉，隨腰隨步，往北轉換，使手心向上者，變為手心向下，劍尖向北者，變為劍尖向南，橫在胸前，劍仍平面。左手扶右手腕背。如第三十五圖。

圖35　左右跨攔

【注釋】

①左右跨攔：他家傳承的楊式太極劍，有作「左右掛籃」勢，音轉成誤也。此劍勢也屬於以退為進，以守為攻，與敵斡旋之計。劍勢在隨腰隨步的變換中，勢作抽帶，避實就虛。

射雁式

向西北，變法如前①。

【注釋】

①如前：參見第三十三圖。

白猿獻果①

向正西，變法如前。

【注釋】

①白猿獻果：參見前述白猿獻果注①之「二水按」。

左右落花①

右手之劍，由左略轉。右足往後退一步。劍亦隨右足，向北往右砍，手心向上者，變為向下。左足復往後退一步。劍亦隨左足向南往左砍，手心復變為向上。一切均如左右獅子搖頭②，惟劍略低耳。參觀第十七、十八兩圖。

【注釋】

①左右落花：嚴履彬《太極劍》補正稿載「左右落花」式：繼「白猿獻果」之勢，右手之劍，自前面向左轉動，由平面變為直面，使劍尖略朝東南，手心向上復轉下。右足往後略退一步，坐實。右手之劍，乘右足退步之勢，隨腰向北往右砍去，劍尖轉向朝西，手與肩平。同時左手捏劍訣，距右腕背二三寸許，與眼神隨腰轉向西視。右手之劍，復隨腰身略向右往後轉動，使手心朝上，劍尖翻向東北，仍是直面略向下。左手捏劍訣，距右腕二三寸許，眼神亦隨之轉視。左足復向後退一步，坐實。右手之劍，乘左足退步之勢，隨腰向南往左砍去，劍尖轉向下朝西，手與肩平。同時左手捏劍訣，距右手腕二三寸許，與眼神隨腰轉向西視。右手之劍，復隨腰身略向左往後轉動，使手心朝下，劍尖翻向東南，仍是直面略向下。左手捏劍訣，距右腕背二三寸許。右足復向後退一步，坐實（如增加勢次，三步或五步均可，退至右足在後為止）。

②獅子搖頭：獅子搖頭與左右落花，兩勢皆為退中求進之勢，但劍勢各異。獅子搖頭，重在「搖」字，隨腰步左右後撤之際，劍勢隨著中軸的又搖又轉，以肘帶劍鍔之中段三分之一處，往前三分之一處作或抽或帶，或點或擊，或刺或劈。而左右落花，重在「落」字，隨腰步左右後撤之際，肘不離肋，僅只依靠轉臂翻腕，劍勢專注於劍鍔之前段

三分之一處，粘對手之劍，圈由大而小，由高而低，劍勢由抽帶，改作攬壓。倘若肘無定位之意，則劍勢飄搖，狀如刷洗馬桶，對手劍勢即可乘機，長驅而來，如入無人境。

玉女穿梭　白虎攪尾①

退至右足在後時，兩手分開如前。將左足提起，轉向南，邁一大步。兩手旋相合，往南刺去，左手心托右手腕背②。如第三十六圖。

右手與左手相合，左手在上，手心向下，右手執劍在下，手心向上。左足跟往西轉，足尖向西。右手之劍，由南往北，平面削去，轉至北時，劍往上轉，使劍尖向上直立，劍平面向西。左手捏劍訣在胸前。右足略提起，往北移半步，足尖向西北，如大鵬單展翅。眼

圖36　玉女穿梭　白虎攪尾

神向西看③。

【注釋】

①玉女穿梭　白虎攬尾：他家傳承的楊式太極劍中，兩勢玉女穿梭與白虎攬尾分作兩勢。劍勢至如第三十六圖時，即為玉女穿梭。此後一節文字描述，似作白虎攬尾。

②左手心托右手腕背：他家傳承的楊式太極劍中，左手或展掌，或捏劍訣，拔於額前，右手劍勢向前斜刺，一展一束，一伸一曲，一開一合，猶如織女之穿梭。下文「右手與左手相合」也能佐證之前的穿梭，左手不應托於右手腕背。

③右手與左手相合……眼神向西看：此節文字，即為白虎攬尾勢。二水按：白虎攬尾，重在一「攬」字，以劍鍔之前三分之一處，劍勢由提變攬，再將對手劍勢格之於身軀右外側。格者，破其實而陷之也。格勢，著意在劍鍔之根節三分之一處，以轉臂外旋，破對手劍勢。所以其時，劍尖會上揚直上。

鯉魚跳龍門

兩手復相合，如虎抱頭式，復向西躍去，如野馬跳澗。參觀第二十一圖①。

【注釋】

①第二十一圖：係「第十圖」之誤。

二水按：第二十一圖，是「獅子搖頭」式的第三圖，微明先生稱此式如太極拳之倒輦猴。而前述的「野馬跳澗」式中，無圖示，微明先生稱「參觀第十圖」。第十圖，即「燕子入巢」式。他家傳承的楊式太極劍中，靈貓捕鼠、野馬跳澗、鯉魚跳龍門三式，皆作跳步躍進前刺勢。劍勢之中，皆有帶、格、壓、刺之變化。惟靈貓捕鼠作斜下刺，野馬跳澗，躍遠而格，鯉魚跳龍門則跳高而格，兩式皆作前平刺。三式左手皆展掌以助刺勢，而非托掌合勢。

烏龍絞柱

右手執劍，由平面向上，漸變為直面，向上向東，隨腰轉一大圓規，往東砍①。左手隨轉至胸前。如第三十七圖。

圖37　烏籠絞柱

劍不停，由東復轉下，往西撩上。右足提起、落下，使足尖向西北。身隨腰轉，劍不停，復由西往上，往東砍①。如第三十八圖。

劍仍不停，轉至中間，復由外向肋裏裹，劍變為平面。左足同時提起，往西邁一步。右足隨提起，向西邁一大步。劍亦隨右步，向西刺去。左手分開，提起在額上。劍共轉兩輪，眼神亦隨之而轉，此式刺出，如靈貓捕鼠，惟中間轉動不同。參觀第十圖。

圖38　烏籠絞柱

【注釋】

①砍：宜作「劈」。

二水按：烏龍絞柱，劍勢隨身形往復折轉而掄轉，由上而下的掄劍，以提、劈為攻守，由下而上的掄劍以崩、撩為攻守，劍勢大開大合，步法身形輕靈活便，矯若游龍。

仙人指路①

左足往東橫邁一步，以後動作，均如犀牛望月，惟右手之劍，由上收回，落在胸前，劍尖向上直立，平面向外。如第三十九圖。

圖39　仙人指路

【注釋】

①仙人指路：此式在他家傳承的楊式劍譜中，或分作「仙人指路」「懷中抱月」兩式，或分作「仙人指路」「懷中抱月」「朝天一炷香」三式。

二水按：從微明先生文字描述來看，少了「仙人指路」的「指」，卻有「懷中抱月」的「抱」和「朝天一炷香」的「炷」。仙人指路，重在一「指」，劍勢輕清，以點刺，點到為止，適當其可。「懷中抱月」的「抱」，微明先生作「由上收回，落在胸前」，其實內含崩劍與抽帶。「朝天一炷香」的「炷」，微明先生描述為「劍尖向上直立，平面向外」，其實內含「格」勢，格勢之中，一吞一吐，氣韻生動。

風掃梅花　虎抱頭①

右手之劍直立者，復轉為平面，在左肋下，劍尖略向東，手心向下。左手在上，與右手相合。右足提起、落下，使足尖向西北。左足提起，往北，復往東，轉一大圓規，如太極拳之轉腳擺蓮，轉至面仍向南時，兩手分開復相合，右足在前點地，如虎抱頭式。

【注釋】

①風掃梅花　虎抱頭：他家傳承的楊式太極劍，只作「風掃梅花」式，無「虎抱頭」。從劍勢而言，有攔、掃、帶、截之變化。最後「兩手分開復相合，右足在前點地」時，雙手抱劍橫於胸前，劍身應該斜向如懷中抱月式，不應該如虎抱頭式。

指南針　抱劍歸原①

右足前進，左足隨之前進，並立。兩手抱劍前刺，如指南針。右手之劍，交於左手。左手大指、食指尖向下，三指尖向上握劍柄，手心向外。劍平面貼臂前直立。左手執劍，將劍轉至後面，如起勢歸原。參觀第一圖。

【注釋】

①指南針　抱劍歸原：他家傳承的楊式太極劍，在「指南針」至「抱劍還原」中間，還有「牙笏式」。

二水按：因為「指南針」式，雙手抱劍前刺，呈向前平刺狀，劍尾朝胸口的，右手之劍交於左手時，不可能「左手大指、食指尖向下」的，只能朝前。只有先將雙手所抱之劍，墜肘立腕，使得劍身豎起，劍尖朝上，如古代大臣覲見皇帝時，雙手捧牙笏的樣子，左手轉臂，才能將「左手大指、食指尖向下」，反執劍首，餘三指握於劍莖，此時左手是「手心向外」。但是，無論如何，「三指尖向上」依然是不可能做到的。

太極長拳序

澄甫先生傳余太極拳，復傳余太極長拳，其中有數式，為太極拳內所無者，其餘大概相同，惟轉換之處，前後略變易耳，所以表示太極本無定法，亦無定形①。太極拳及長拳，掤、攌、擠、按、採、挒、肘，七種勁均含在內，惟缺一靠勁②。余欲以大攌③之靠，加入拳內，思索數年，不得其連貫轉接之法。

今於無意中，忽然得之，相接之處，竟如天衣無縫。竊自欣喜。又以太極拳之有左式，而無右式者，有右式，而無左式者，均為加入④。

又見河南陳家所傳太極，名為舊派者，其倒輦猴如摟膝拗步，左右退行，轉身極為輕靈，亦加入，名為退步摟膝。共約一百零八式，取澄甫先生所傳長拳而擴大之⑤。

不敢言有所發明，然於太極之意，有增多而無減少，有變換而無雷同，或者可為學者研究之一助焉⑥。

丁卯⑦冬月　微明識

【注釋】

①澄甫先生……亦無定形：澄甫先生傳授我太極拳，又傳授了我太極長拳，其中有幾個式子，是太極拳裡所沒有的，其他都大致相同的，只是在每一式、每一動轉換的過渡動作中，前後次序稍稍有些變化，用來表示太極之道原本就不存在固定的一成不變的法則，萬事萬物，也不存在固定的外形與態勢。

楊澄甫（一八八三—一九三六年）：字兆清，永年廣府人，生於北京。祖父楊露禪、伯父楊班侯、父親楊健侯均為太極名家。幼承家學，秉承乃祖乃父遺風，兢兢業業，溫和篤實。四十歲方始出神入化，階及神明。繼北平傳拳之後，南下武漢、南京、滬杭、廣州，桃李滿天下。集楊家三代拳學經驗，為便於傳播，他南下滬杭時，將太極拳逐步定型成定勢架。此拳架，以其動作舒緩，伸展大方，氣勢磅礴，俗稱楊式大架。

②靠勁：太極拳基本勁別之一。接觸點儘量不顯動，而以中軸移動，來作用於對手，此謂之靠勁。楊澄甫老師定勢架中，因為多係定式與定式之間的組合，少了中軸移動的各類變化，所以在其定式架中，誠如微明先生所言，「惟缺一靠勁」。但在田兆麟、牛春明等老師所傳授的楊式中架為前提的諸類拳架中，靠勁常見於攬雀尾、白鶴亮翅、手揮琵琶、肘底捶、倒輦猴、斜飛式、翻身披身捶、撇身捶……乃至雲手等等各類式勢中。微明先生所稱的大攦之靠勁，在葉大密老師所傳授的拳架中，常見於攬雀尾斜掤前的過渡動作與白鶴亮翅前的過渡動作中。

③大攦：楊式太極拳教學體系中的一項推手訓練。葉大密老師記錄的楊澄甫大攦約言為：我捋他肘，他上步擠，我單手搧，他轉身捋，我上步擠，他逃體；我一捋，他上步擠。

家師慰蒼先生將訓練體系，詳細表述為進三步退三步：

你按我掤，你進步按，我退步採（捋），

你進步靠（擠），我轉腰化（沉臂），我併步閃（挒）；

你併步提（掤），我進步按，你退步採（捋），你併步靠（擠），你套步化（插襠），你併步按，我併步提（掤、換手反向走）。

④又以……均為加入：又因為太極拳的式勢中，有些只有左邊的姿勢，而沒有右邊的姿勢，有些只有右邊的姿勢，而沒有左邊的姿勢，我都將左右式勢一一加進去。

⑤共約……而擴大之：共總一百零八個式勢，是在澄甫先生所傳授的長拳基礎上，擴充補缺後編成的。

⑥不敢言……之一助焉：我不敢說有什麼創造性的闡述或發揮，然而對於太極的意義而言，只有增多而沒有減少，只有增加變化，而沒有雷同重複的地方，或許可以作為太極拳學者，進一步研究拳技拳理有所幫助吧。

⑦丁卯：一九二七年。

楊澄甫先生所授太極長拳目錄

攬雀尾　抎手　摟膝拗步　琵琶式

進步搬攔錘　播箕式　十字手　抱虎歸山

單鞭　提手　肘下錘　摟膝打錘

轉身蹬腳　進步指膛錘　野馬分鬃　進步攬雀尾

單鞭　玉女穿梭　攬雀尾　轉身野馬分鬃

轉身單鞭下式　金雞獨立　倒輦猴頭　斜飛式

提手　白鶴晾翅　摟膝拗步　海底珍珠

扇通臂　撇身錘　上步搬攔錘　進步攬雀尾

單鞭　抎手　單鞭　高探馬

左右蹬腳
轉身蹬腳
左右摟膝
雙叉手

轉身踢腳
左打虎式
雙風貫耳
左蹬腳

轉身蹬腳
上步搬攔錘
上步攬雀尾
高探馬

十字腿
上步攬雀尾
單鞭下勢
上步七星

下步跨虎
轉身擺蓮
彎弓射雁
上步搬攔錘

播箕式
十字手
合太極

增加太極長拳目錄

上步搬攔錘
單鞭
換步摟膝
披身伏虎式
轉身左蹬腳
右單鞭
金雞獨立
左晾翅
撇身錘
十字手
進步肩靠
玉女穿梭
野馬分鬃

動步攬雀尾
高探馬
換步栽錘
回身蹬腳
換步搬攔錘
右抎手
倒輦猴
左摟膝
進步搬攔錘
左抱虎歸山
玉女穿梭
野馬分鬃
進步肩靠

單鞭
左右蹬腳
雙叉手
雙風貫耳
如封似閉
右單鞭
左斜飛
海底針
播箕式
右單鞭
野馬分鬃
進步肩靠
玉女穿梭

抎手
轉身蹬腳
翻身二起腳
右蹬腳
進步雙按
下勢
左提手
右通臂
雙托掌
野馬分鬃
進步肩靠
玉女穿梭
左右風輪

動步攬雀尾
單鞭
抎手
高探馬
十字腿
左右摟膝打錘
左琵琶
彎弓射雁
進步搬攔錘
如封似閉
進步雙按
左單鞭下勢
七星腳
退步踢腳
轉身擺蓮
彎弓射虎
上步搬攔錘
播箕式
雙托掌
十字手
合太極

太極長拳

動步攬雀尾

起勢向南，如太極拳。惟擺回之時，左足略騰起，前進半步。擠出時，右足略騰起，前進半步。擠後兩手收回時，左足復進半步，按出時，右足復進半步。

抎　手

按後，兩手隨腰，轉一圓規，如太極拳。惟左手不作單鞭式，而作抎手。抎手共兩次。第二次右手抎至左肩上時，復回下，而作摟膝拗步。面向東。

摟膝拗步、右琵琶、又摟膝拗步，均如太極拳。

換步摟膝

右足略騰起，落下。右手與左手，隨勢往右收，往下鬆，轉一圓規。左足復略騰起，落下，左足尖向東北，坐左邊腰。兩手由右邊復轉上，左手由左邊，往後轉一大圓規，右手摟膝，左手按出，變為左勢之摟膝拗步。

左琵琶

左足略騰起，落下，右足收回。兩手亦同時往回收，右手在前，左手在後，變為左琵琶式。由左琵琶，復變為左勢之摟膝拗步。

換步摟膝

左足略騰起，落下。左手與右手，隨勢往左收，往下鬆，轉一圓規。右足復略騰起，落下，右足尖向東南，坐右邊腰。兩手由右邊，復轉上，右手由右邊，往後轉一大圓規，左手摟膝，右手按出，復變為右勢之摟膝拗步。由拗步，復變為右琵琶式、進步搬攔錘，與太極拳無異。

播箕式

與如封似閉相同，惟兩手按出時，手心平向下。

雙托掌

右足略騰起，前進半步。兩手左右分開，轉一大圓規，轉至兩肋下，左足復騰起，前進半步。兩手轉至脇下時，兩手心漸轉向上，復向前托出。由雙托掌變為十字手，如太極拳同。

抱虎歸山

由十字手，變抱虎歸山，亦與太極拳同，惟攌回擠出，兩步仍騰起，前進半步。擠出後，不再按。左手仍靠右手，往前轉一小圓規，腰亦隨動，隨即變為肘下錘，與太極拳轉動皆相同。

肘下通臂錘

由肘下錘，右手不斷，往上起至額前。右拳隨右足，往前打出。其勢如扇通臂，惟右足在前耳①。

【注釋】

①耳：文言助詞，「而已」，「罷了」之意。

左歸山

右掌鬆開，往上轉。右足尖亦轉向東南，左足往東北邁去。右手由耳邊按出，左手收回，在左脇下，如抱虎歸山，惟在左面耳。擺回擠出，均如右邊之抱虎歸山，兩步亦騰起，前進半步。變為左邊之肘下錘，轉動均如右法，右掌在前，左拳在肘下，右足在前。

猴頂雲

右手鬆開，往後轉，右足往後退，變猴頂雲，與倒輦猴同，惟頭略向上頂。退四次。

摟膝打錘

右足提起，略收回，落下，使足尖向東南。右手同時向左邊下鬆，復圓轉，向上折，轉隨腰往右握拳，左手摟膝。左足前進，右拳打出。

轉身蹬腳

左足跟轉動，使足尖向南。左手隨腰向上，轉至額前，手心向外。右拳收至左脇下，拳心向下。右足略提起，使足尖點地，向西南。兩手分開，右右①

向西蹬出。進步指膛錘，與太極拳同。

【注釋】

①右右：係「右足」之誤。

野馬分鬃　動步攬雀尾　單鞭

右拳鬆開，與左手相合。右足往西北邁去。兩手分開，作野馬分鬃式。變為動步攬雀尾、單鞭，與太極拳野馬分鬃後變攬雀尾相同，惟步走動。如第一式。

玉女穿梭

左足跟轉動，足尖向南。左手向上，轉至額前，手心向外，右手屈至左脇下。右足提起，收至左足處，足跟與右足尖相對，足尖向西，成一八字形。左手由額上往下，轉一大圓規，右手沈①至右肋，左手轉至右手處，復往上。左足往西南邁一大步。左手不停，轉至額上，手心向外，右拳打出，如玉女穿梭，惟掌變為拳耳。

以下轉向東南、東北、西北四隅，均如太極拳之變動，均易掌為拳。由玉女穿梭，變為動步攬雀尾。

【注釋】

①沈：同「沉」。

轉身野馬分鬃

攬雀尾兩手雙按之後，不變單鞭，右手收回，轉一小圓規，即往下分，手心向下。右足跟轉動，使足尖向南，左足往西北邁一大步。左手與右手，同時轉一大圓規，轉至右手脇下時，隨左足往西北分開，成野馬分鬃式。右手復與左手相合，右足往東南邁，兩手分開。共作野馬分鬃六次，第七次分鬃，左步往正東邁去，左手亦往正東。

轉身單鞭下勢

由向東之野馬分鬃，右手向下，轉至東邊，與左手相近處，兩手復同時向上往西轉，眼神隨之。右手轉至西邊，變成吊手。身往下坐，在右腿上。左手作下勢式。左右金雞獨立，亦與太極拳同。

退步摟膝

由金雞獨立，左足往後，往北邁，足尖向北，右足尖轉向東北。左手摟膝，右手轉一圓規，向北按出，轉動均如摟膝拗步，惟面向正北耳。左足跟轉動，使足尖向東南，右足往後，往南邁，足尖向南。右手摟膝，左手按出，面向正南。

共打五次或七次，右步按出而止。變斜飛式、提手、白鶴晾翅、摟膝拗步，均如太極拳同。

海底珍珠　扇通臂

海底珍珠，與海底針同，惟右掌收回時，須隨腰轉一圓規，落下，用拳而不用掌。扇通臂亦與太極拳同，惟左步前進稍遠，右足不離地，亦隨之前進。撇身錘、上步搬攔錘、動步攬雀尾、單鞭、抎手、單鞭、高探馬，均如前。

左右蹬腳　轉身蹬腳

由高探馬，轉右蹬腳，兩手隨腰轉動而上。右手在前，在上，左手在後，在下，兩掌斜對相合，手尖均斜向東南。兩手復斜向下，轉一小圓規相合。右足蹬出，兩手分開。

變左蹬腳時，兩手隨腰轉動而上，左手在前，在上，右手在後，在下，兩掌斜對相合，手尖均斜向東北。兩手復斜向下，轉一小圓規相合，左足蹬出，兩手分開。轉身蹬腳亦同太極拳。

換步摟膝　換步栽錘

左足蹬出後，變摟膝拗步。右手按出，與太極拳同。換步摟膝，左手按出如前，復換步，左手摟膝，右手往右轉上握拳，從耳邊向下打栽錘，眼神隨右拳看。

雙叉手

右足向西邁一大步，兩手由下分開，轉上相合，與雙風貫耳同。惟兩手用掌，手心向下，指尖相對。

翻身二起腳

右足跟轉動，足尖向南，坐實右腿。兩手隨腰向南，轉動相合，右手在額上，手心向外，左手在右脇下，手心向下。左足跟亦同時轉動，足尖向東北，坐實左腿，右足向東平踢起，右手心拍足背，左手轉至右腰際，手心向上。右足拍後，旋落下，足尖向南。兩手相合，作斜十字。左足向東平踢起，左手心拍足背，右手向西分開。

披身伏虎式

左足踢後，即落下，與右足並立。右手由西向上，向東轉至左手處，左足往西平邁一大步。兩手轉動，作披身伏虎式，惟右拳在上，左拳在下，與太極拳相同，而形式相反。

轉右足跟，左足往東北邁一大步，兩手轉動，作披身伏虎式，左拳在上，右拳在下，與太極拳相同，而方向形式均相反。

回身蹬腳　雙風貫耳

右拳轉上，與左拳合，復分開，轉身相合。身復向南，蹬左腳，兩手分開。左腳提回，兩手復翻轉相合，至左膝處。

左足往東北邁一大步，兩手同時分開相合，作雙風貫耳式，與太極拳轉動均相同，惟方向相反。

右蹬腳　轉身左蹬腳

身復轉向南，兩手隨身分開，相合，作十字。右足蹬出，右足提回，身旋轉一周，仍向南，左足蹬出。

一切轉動，均與太極拳相同，惟方向相反。

換步搬攔錘

左足蹬出後，仍收回，足尖下垂落下，足尖向東北。左手隨左足往下鬆，復向上轉，左手轉至胸前，復隨左足往下沈，握拳藏於左脇下。進右步，右手搬攔，左手打拳，右手扶左腕處。左足復提起落下。換步之變動，與換步摟膝同。進左步，右手打步①，左手扶右腕處。

【注釋】

①打步：係「打拳」之誤。

如封似閉　進步雙按

如封似閉，如太極拳，惟兩手分開時，右步略提起前進。兩手按出時，左步亦略提起前進。兩手復往上鬆回，右步提起略進。兩手復按出，左步提起前進。如攬雀尾之按，惟左足在前。

右單鞭

兩手復鬆回，左手隨腰轉一小圓規，右手隨腰轉一大圓規，左手成吊手，右手變單鞭。左足跟轉動，足尖向南，右足略往東北邁一大步，如太極拳之單鞭，惟左右手方向不同。

右抎手　右單鞭　下勢

抎手由東往西行，變為右單鞭下勢，與太極拳方向相反。金雞獨立、倒輦猴、左斜飛、左提手、左晾翅、左摟膝、海底針、右通臂、撇身錘、進步搬攔錘、播箕式、雙托掌、十字手、左歸山、右單鞭，以上各式，均如前法，惟右式變為左式，或左式變為右式。

野馬分鬃

由右單鞭，復坐實左腿。右手隨腰收回，與左手相合，左手在上，右手在下。右足往西北邁一大步。兩手分開，右手在前，左手在後。面向西北，成野馬分鬃式。

進步肩靠

左足提起，向西北前進半步。兩手略向上，往裡相合。右足復提起，前進半步。兩手合至胸前時，左手輕扶右肘裏彎，右手向下鬆，轉一圓規，隨右步往下鬆直，左手仍扶原處。坐實右腿，眼神向西北看。此式如大攌之靠。

玉女穿梭

兩手復提起，提至額前。腰往後坐，兩手隨腰往後鬆轉，右手心本向內者，漸轉至手心向外。腰復往前進，右手轉至額上，左手按出，成玉女穿梭式。

野馬分鬃　進步肩靠　玉女穿梭

右足提起，向裏裹步，使足尖向東南，與左足成八字形。兩手隨步相合，右手在上，左手在下。轉身，左足往東北邁一大步。兩手分開，作野馬分鬃式。兩手略向上，往裡相合，合至胸前時，右手輕扶左肘裏灣，左手向下鬆，轉一圓規，隨左步往下鬆直，右手仍扶原處。兩足提起前進，如前法，坐實左腿，眼神向東北看，如大搬之靠。

變玉女穿梭，如前法，惟兩手及方向不同，右足往東南邁一大步。

野馬分鬃、玉女穿梭如前法，此變為向東南方，右足仍向裏裹步，與右足成八字形，左足往西南邁一大步。

野馬分鬃，進步肩靠玉女穿梭如前法，此變為向西南方。

左右風輪

右手往上鬆，往右轉動。左手往左鬆，往下轉動。右步往西北邁一大步，如野馬分鬃之步。左手隨腰，隨右步往西北輪轉，手心向西北，向外，手指向下。右手隨腰，隨左步往上輪轉，手心向下。左手向左，又向上鬆轉，右手向右，又向下鬆轉。左步往西南邁一大步，右手隨腰，隨左步往西南輪轉，手心向西南，向外，手指向下。左手隨腰，隨右步往上輪轉，手心向下。兩手如輪，與雲手相彷彿，惟步法不同。

動步攬雀尾　單鞭　擅①手　高探馬

輪至右手在上時，左足前進半步，左手隨之捧出，變為動步攬雀尾、單鞭、抎手、高探馬，均如前法。

【注釋】

①擅：當作「抎」。

十字腿　左右摟膝打錘

由高探馬，左手穿出，轉身向東，亦如前，惟以左手心拍右足背。拍後，左足提起，落下，足尖向西北，左手摟膝，進左步，右手打拳。轉左足尖，使向東北，右手摟膝，左手打錘。

左琵琶　彎弓射雁

左足提起，落下，右足提起收回，兩手亦同時收回，右手在前，左手在後，變左琵琶式。由左琵琶，兩手隨腰向上，向右鬆轉，右手在上，左手在下，如捧球式，轉至右邊。復向下轉，左足向西南邁一大步，兩手轉至左膝外，復向西北轉上，作射雁式，右手略高，眼神亦隨之轉動。

進步搬攔錘、如封似閉、單鞭下勢，均如太極拳。

七星腳　退步踢腳　轉身擺蓮

七星腳，如上步七星，惟右足隨進步時踢出。

退步踢腳，如退步跨虎，惟左足隨退步時踢出，踢出後，足不落下，即變轉身擺蓮，如前法。

彎弓射虎、上步搬攔錘、播箕式、雙托掌、十字手、合太極，均如前法。

太極拳名人軼事

陳微明

中國拳術，千門萬派，不可殫述①。惟武當派太極拳，張三豐所傳。乃純粹內家，以其毫不用氣力也（渾身鬆開，不用氣力，方能長內勁）。廣平楊露禪先生，受術於河南陳長興②，傳於其子班侯、健侯，健侯傳於其子少侯、澄甫。今將楊氏及其弟子就余所知者，略述其軼事如右。

【注釋】

①不可殫述：不可能詳盡地述說清楚。

②受術於河南陳長興：從河南陳長興手中繼承了拳藝。陳長興（一七七一——一八五三年），字雲亭，懷慶府陳家溝（今溫縣陳家溝）人，精於陳氏拳術，立身中正，形若木雞，人稱「牌位先生」。楊露禪從其學技。

露禪嘗習外家拳，其後聞河南懷慶府陳家溝陳長興者，精太極拳，露禪傾產挈金①，往懷慶從長興學。數年，偶與其師兄弟相較，輒負②。夜起溺，聞有聲於牆外，乃越牆往觀其異，見師兄弟輩，群集於廳中，其師口講指授，皆拳中精意也，乃伏窗外竊窺③。自後每夜必往。他日，其師兄強露禪與之較，露禪不得已許之，不能勝露禪，眾大驚異④。

其師召露禪曰：「吾察子數年，誠樸而能忍耐，將授子以意，明日來予室。」⑤翌日，露禪往，見其師，假寐於椅⑥，而仰其首，狀至不適。露禪垂手立於側，久之不醒，於是以手承師之首，良久，臂若折，而不敢稍移。及其師醒曰：「孺子來耶，予倦睡矣，明日再來。」露禪退，明日復如約而往，其師已陶然入睡鄉矣。露禪屏聲息氣而待之，其師或張目四顧，見露禪俟於旁，無怨色，且加敬焉，又言如前⑦。露禪第三日往，其師曰：「孺子可教也。」於是授之術，令歸習之⑧。後其師兄弟或與之相比，而無有能勝之者。長興謂其他弟子曰：「予以所有之功夫，與子輩而不能得也，不與露禪而已得之去矣⑨。」

露禪學既成而歸，財產已盡。或薦至京師某富家，其家先有一教師，其人庸者，而富於嫉心⑩，聞露禪之來，心甚不快，強欲與露禪鬥。露禪曰：「吾子必欲一較也，請往告主人。」主人曰：「子輩相鬥，以戲可耳，然不可致其命也。」露禪既至場中，直立而不動，教師力擊之，未見露禪之還手也，而教師已仆於丈外⑪矣。主人大異之，揖露禪而言曰：「不知吾子之功，如是其深也。」於是設筵以欵之。宴畢，露禪束裝辭去，留之不可⑫。遂授徒於京師。是以京師之習太極拳者，皆楊氏之弟子也。

露禪傳太極拳術於其子班侯、健侯，期望甚深，日夜督責。二人不能勝任，一欲逃走，一欲雉經，皆覺而未果⑬。然二人年未至冠，已成能手，名震京師。有貴胄⑭聞之，聘班侯為師，館於其家，月饋束修⑮四十金，甚敬禮焉。雄縣劉某者，忘其名，練岳氏散手，有數百斤之氣力，授徒千餘人。有人兩面挑撥，班侯志甚傲，聞之不平，遂相約於東城某處比試。一時傳遍都城，聚而觀者數千人。二人至場，雄縣劉即出手，擒住班侯之手腕。班侯用截勁抖之，劉跌出，狼狽而去。

班侯由是名聲大著。班侯歸，見其父，揚揚得意，眉飛色舞，述打劉之形狀。露禪冷笑曰：「打得好。袖子已去了半截，這算是太極勁嗎？」班侯聞言，自視其袖果然，乃嗒喪⑯而出。班侯雲，當其擒住手腕時，有如狗咬云。

【注釋】

①傾產挈金：變賣了家產，攜帶家當。

楊露禪（一七九九—一八七六年），名福魁。廣平府（今邯鄲市永年縣）人。一八四〇年前後從陳家溝陳長興學拳藝成後返鄉，在永年教拳，武禹襄昆仲三人從其學藝。後由武汝清薦往北京教拳。從此開啓了近代太極拳傳播序幕，在京城博得「楊無敵」之名，為日後太極拳的弘揚發展，奠定了堅實的基礎。

②數年……輒負：幾年裡，偶然與其他的師兄弟比試拳技，動不動就輸下陣來。

③夜起溺……窗外竊窺：晚上起來小便時，聽到有聲音從牆外傳來，於是就翻牆上去察看動靜，看見師兄弟們，集聚在大廳中，聽師父在言傳身教，一一都是拳技中的精義秘要，於是就伏趴在窗外偷聽偷看。

④他日……衆大驚異：過些天，有位師兄硬逼楊露禪與他比試，楊露禪不得已就答應了，那師兄沒想到自己竟然無法再贏楊露禪，為此，大家都非常驚訝。

⑤其師……明日來予室：他的老師（陳長興）把楊露禪叫到身邊，對他說：我觀察了你好幾年了，你誠實樸素，能力也強，我決定把拳技中的精要之意，都傳授給你，你明天來我家裡吧。

⑥假寐於椅：坐在椅子上打瞌睡。

⑦露禪退……又言如前：楊露禪卻步辭退，第二天如約前往拜訪，而他老師卻已經沉醉在睡夢裡了。楊露禪站在一旁，屏著呼吸，不敢大聲喘氣。他老師偶然張開眼睛，朝周邊看一眼，看到楊露禪畢恭畢敬地站在傍邊，臉上絲毫沒有抱怨的神色，而且反而多了一份敬畏之意。他老師依然像昨天一樣應答他。

⑧露禪第三日往……令歸習之：楊露禪第三天再如約前去拜訪，他老師說：年輕人啊，你有出息，將來是可以有所成就的人。於是就開始傳授給他拳技，叫他回去後反覆習練。

二水按：師徒之間的此類故事，大凡多從張良與黃石公之間那隻鞋子的故事中演變出來。《史記・留侯世家》：「良嘗閑從容步遊下邳圯上，有一老父，衣褐，至良所，直墮其履圯下，顧謂良曰：『孺子，下取履！』良鄂然，欲毆之。為其老，強忍，下取履。父曰：『履我！』良業為取履，因長跪履之。父以足受，笑而去。良殊大驚，隨目之。父去裡所，復還，曰：『孺子可教矣。』」

⑨長興謂……得之去矣：陳長興對其他弟子說：我原本打算將一身功夫，都悉數傳給你們，而你們卻得不到。我原本不打算將這身功夫傳授給楊露禪的，而偏偏是他得到了我的功夫離開了。

⑩其人庸者，而富於嫉心：那人功夫很平庸，卻又有一肚子的嫉妒心。

⑪仆於丈外：被跌出在三米之外了。

⑫主人大異之……留之不可：主人非常驚訝，向楊露禪恭恭敬敬地拱拱手，說：「想不到先生的功夫，竟然是如此這般的高深莫測啊！」於是就特地擺了酒席，設宴來款待他。宴席結束後，楊露禪整理了行裝辭行，任憑這有錢的主人怎麼挽留，決意地離去。

⑬露禪傳太極拳術……皆覺而未果：雉，牛鼻繩也。引申為自縊。顧炎武《答徐甥公肅書》：「強者鹿鋌，弱者雉經」，脾氣剛烈的，就會像鹿一樣出逃出去，鋌而走險；脾氣文弱一些的，就會選擇用一個牛鼻子繩來上吊自縊。

此句意為楊露禪想將太極拳技藝，傳授給兩個兒子班侯與健侯，期望很高，日夜的督察，稍有不盡人意處，就會備受責罰。二人都承受不了這種教育方式，其中一個想到離家出逃，另一個竟然想到了上吊自殺。結果都被事先察覺，而未造成後果。

⑭貴胄：貴族的後裔。

⑮月饋束修：每月奉送的學費酬金。

⑯嗒喪：喪氣，失意，悵然若失。

楊班侯弟子，至今惟有陳秀峰及富二爺二人。秀峰，武清縣人，與澄甫先生同里①，余未見之。富二爺住東城炒麵胡同，余聞澄甫先生言，亟往訪之。年七十餘矣。氣態若五十。其子年過五旬，不知者以為昆弟行也②。余道欽仰之意，富二爺曰：「吾雖為班侯先生弟子，未能傳先生之技，蓋不練者已四十餘年。」余問既得班侯先生之傳授，何以棄置不練。

答曰：「吾父不許練也。先是吾兄習摔角③，功夫極好。每日歸，必教吾摔角。後應募從軍，至甘肅。臨行，囑吾曰：『摔角功夫，不許間斷。』別數年歸，一見即問功夫如何。吾答曰：『久不練習矣。』兄聞之，意似不悅。吾乃告以從班侯學太極拳，如何不用氣力，如何能化人之勁。兄不信。以拳擊吾，吾用搬攔錘還擊。不意兄由堂屋，跌出院中，仰臥於地，竟不能起。吾大驚，扶之起，已跌傷矣。臥養數日始愈。父大責斥。由是不許練習太極。殊為可惜。亦由年幼太冒失故也。」

【注釋】

①與澄甫先生同里：與楊澄甫先生是街坊（古代五家為鄰，五鄰為里）。

②年七十餘……昆弟行也：這位富二爺，年紀已經七十多歲了，看上去氣色神態，就像是五十歲上下。他兒子年紀也已五十出頭了，不知道的人，還以為他們是弟兄關係。

③摔角：摔跤。

富二爺又曰：「吾露禪師祖，喜吾勤謹。吾嘗在旁伺候，為裝旱煙。年八十餘，尚練工夫不息。偶至吾家坐談，一日天雨，泥濘載道，師祖忽至，而所著雙履，粉底尚潔白如新，無點汙。此即踏雪無痕之功夫也。蓋太極清靈，能將全身提起，練到極處，實能騰空而行①。班侯亦有此功夫，知者極少，吾曾親見一次。

「師祖函召弟子，於某日齊至其家，謂欲出門一遊，有話吩咐。至期俱來，而門外並未套車②，眾頗異之。是日師坐堂屋正中，弟子拜見畢，各裝旱煙一袋，肅立左右。師各呼至前，勉勵數語，並傳授太極拳大意。頃之，師祖忽拂其袖，端坐而逝③。」

【注釋】

①此即踏雪無痕之功夫……騰空而行：太極清靈，能將全身提起，練到極處，實能騰空而行的所謂「踏雪無痕」的功夫，怪誕不經，視作小說家言，或可資談助。

②套車：給駕轅的牲口套上車套，以備遠行。

③師祖函召弟子……端坐而逝：楊露禪用書信方式把眾多弟子召集來家，說要出遠門，而又沒有見到以備遠行的行裝車馬。到最後「各呼至前，勉勵數語」，頃之「忽拂其袖，端坐而逝」，此類大限將至，而能預知死期，且視死如歸的現象，歷來被視作佛道高人的最高修為。

唐代志怪小說集《宣室志》就有類似的記載，《太平廣記》卷第一百一釋證三裡，引錄如下：

有商居士者，三河縣人，年七歲，能通佛氏書，里人異之。後廬於三河縣西田中，有佛書數百編，手卷目閱，未嘗廢一日。從而師者百輩，往往獨遊城邑，偕其行者。聞居士每運支體，蘢然若戛玉之音，聽者奇之。或曰，居士之骨。眞鎖骨也，夫鎖骨連絡如蔓。故動搖之，體則有清越之聲，固其然矣。昔聞佛氏書言，佛身有舍利骨，菩薩之身有鎖骨，今商居士者，豈非菩薩乎。然葷俗之人，固不可辨也。居士後年九十餘，一日，湯沐具冠帶，悉召門弟子會食，因告之曰：「吾年九十矣，今旦暮且死，汝當以火燼吾屍，愼無逆吾旨。」門弟子泣曰：「謹聽命。」是夕坐而卒。後三日，門弟子焚居士於野，及視其骨，果鎖骨也，支體連貫，若紉綴之狀，風一拂則纖韻徐引。於是里人競施金錢，建一塔，以居士鎖骨瘞於塔中。

「露禪師祖逝世後，停靈於齊化門外某寺內。方丈某，亦嫻武術。寺為向南，正殿五楹，東西各有廂①房數間。靈櫬停於西廂內，吾師及健侯師叔，宿廂廂套間內，予亦隨侍焉。而東廂旋來一南省人，指甲甚修，語啁哳不可辨②，不知為何許人。一日，吾師等外出，囑予曰：『不可出此門，並不許與東廂之南人接談。』予諾而異之。時予年十九，童心未改。師去後，悶坐無聊，靜極思動，忽忘前戒。啟闢而出，至正殿遊戲。時右手托一茶碗，於殿上旋轉而舞，一躍而登方桌之上，水不外溢，意得甚。適為東廂之南人所見，遽來問訊。予頓憶師言，惶急不敢對，逸歸臥室。次日方丈來，與吾師切切私語。吾師初有難色，繼似首肯。方丈出，旋偕南人來，吾師對之，其謙抑逾平時，相將出門，久之始歸。吾師有得意之色，南人即整裝去矣③。」

【注釋】

①廂：「廂」的異體字。後同，不另注。

②語啁哳不可辨：或作「語調啁哳不可辨」。啁哳，也作「嘲哳」，鳥叫聲，形容其人說話，語調繁雜不清，音量纖細尖高的樣子。

③方丈出……即整裝去矣：方丈出去後，不久，又帶了那位南方人進來。我師父招呼他們，他謙遜的態度，遠遠超過平時。之後，他們相隨出門，過了很長時間才回來。我師父臉上顯露出頗為得意的神色，而那南方人，隨即整理行裝離去了。

「又曰，吾師有一女，年十七八，聰慧絕倫，師甚鍾愛之，忽急病而死。時吾師他往①，聞訊馳回，已蓋棺矣，不覺踴躍痛哭，忽騰起七八尺之高，如懸之空際者。然旁觀者，咸舌撟而不能下②，予亦親見之也。此無他，蓋吾師本有飛騰功夫，今痛極踴躍，遽於不知不覺間，流露其絕技也。」

【注釋】

①時吾師他往：當時我師父正有事去了其他地方。

②咸舌撟而不能下：（旁觀的人）一個個都驚訝得張大嘴巴，舌頭伸得很長，舉在外面下不來的樣子。

楊氏昆仲，雖以精拳術聞於世，然深沈①不露，尤善養氣，絕無爭雄競長之心，平居謙抑異常。不知者以為無能之輩，大智若愚，大勇若怯，誠哉不可以貌衡人也②。某年有一南人來訪，時班侯年屆六旬③，南人極致欽慕之意，謂曰：「聞君太極拳粘勁，如膠如漆，有使人不能脫離之妙，願承明教④。」

班侯曰：「鄙人以先人所習，僅粗知此中門徑。何曾會有此功夫。」堅持不允，南人再三請，乃曰：「諒君必精於此，如老朽何足以相頡頏⑤。無已，請示試之之法，不知能勉力追隨否。」南人曰：「試用磚數十塊，每塊距離二尺餘，勻列院中，如太極式，吾在前，君在後，以右手粘吾之背於磚上，作磨旋行，足不許落地，手不許離背。足落地，手離背者為負。」班侯曰：「磨旋行，則頭腦易昏，恐非老朽所能。然既承教，敢不唯命。」即於院中，如法佈置畢。

南人先上，緩步徐行。班侯斂氣凝神，亦步亦趨，不離南人之背，繞行數匝。南人身輕如燕，漸走漸速，迅如飛輪。班侯亦運其飛騰之術，追風逐電而行，依然不離分寸。南人無法擺脫，忽飛身一躍，蹤上屋面，回顧院中，不見班侯蹤跡，深為駭異。而不知班侯，仍在其後，撫其背曰：「君惡作劇，累煞老朽。且下，一息何如。」南人不禁愕然，乃大拜服，訂交而去。

【注釋】

①深沉：深沉。

②誠哉不可以貌衡人也：實在是不能只靠相貌來衡量人啊。

③年居六旬：年紀已經六十歲了。

二水按：通常所見的資料中，楊班侯壽限五十五歲。此六十歲，或可存疑之。

楊班侯（一八三七—一八九二年），名鈺，字班侯。永年廣府人。太極拳宗師楊露禪次子，自幼隨父習太極拳，承其家學，性情剛躁，拳勢緊湊，協助乃父楊露禪赴京城傳授太極拳，共同開創了近代太極拳的繁榮局面，厥功至偉。

④願承明教：願意接受高明的指教。

⑤如老朽何足以相頡頏：像我這樣的老頭，怎麼能跟您較量呢。頡頏，鳥上下飛的模樣，引申為較量。

健侯①為神武營教練時，年已七十餘矣。一日自外歸，有莽漢持棍，出其不意，自後擊之。健侯忽轉身，以手接棍，略送之，莽漢已跌出尋丈。健侯能停燕子於手掌心，燕子不能飛去。蓋能聽其兩爪之勁，隨之下鬆，燕子兩足，不得力，不得勢，而不能飛也②。

【注釋】

①健侯（一八三九—一九一七年）：楊健侯，名鑒，字健侯，號鏡湖，河北永年人，楊露禪之三子，人呼老三先生。性情溫和，德高望重。子兆熊、兆元、兆清及許禹生等得其傳。兆清，字澄甫，人稱「三先生」。早年拜入楊澄甫門下的張欽霖、田兆麟、牛春明等，都得其拳藝。

②能停燕子於手掌心……而不能飛也：從「一羽不能加，蠅蟲不能落」句濫觴而來。今人又有掌心停八哥、鴿子者，不一而足。

露禪之弟子王蘭亭，功夫極深，惜其早死。有李賓甫者，聞係從蘭亭學，藝亦甚高，訪之者極眾，而未嘗負於人。一日有少年來訪，口操南音，手離几椅①數寸許，揚其手，几椅隨之騰起，懸於空中。賓甫見之駭然，少年欲與比試，賓甫遜謝不獲②。少年遽進，時賓甫左手抱一小狗，僅右手與之招架，數轉之後，少年已跌於地，乃痛哭而去。

有習頂功者，欲與賓甫角，賓甫謝之不肯，賓甫以手按其腹，未一月即死於逆旅之中③。

【注釋】

①几椅：茶几、桌椅。

②賓甫遜謝不獲：賓甫謙讓著推辭，比試沒有得逞。

③有習頂功者……逆旅之中：頂功，頭上的功夫。逆旅，旅店。只是用手按對手腹部，就把人弄死，敘事怪誕且不論，未知其時之法律是否追責之。

余從澄甫先生學習數年，澄甫先生曰：「世間練太極拳者，亦不在少數，宜知分別純雜，以其味不同也。純粹太極①，其臂如綿裹鐵，柔軟沉重。推手之時，可以分辨（太極有二人推手之功夫）。其拿人之時，手極輕，而人不能過。其放人之時，如脫彈丸，迅疾乾脆，毫不費力。被跌出者，但覺一動，而並不覺痛，已跌丈餘外矣。其粘人之時，並不抓擒，輕輕粘住，即如膠而不能脫，使人兩臂酸麻，不可耐。此乃真太極拳也。若用大力按人推人，雖亦可以制人，將人打出，然自己終未免吃力，受者亦覺得甚痛，雖打出，亦不能乾脆。反之，吾欲以力擒制太極拳能手，則如捕風捉影，處處落空。又如水上踩葫蘆，終不得力。此乃真太極意也。」其言之精如此，余試之誠然，不能不令人佩服矣。

【注釋】

①純粹太極：楊澄甫論及純粹太極，精彩絕倫。用推手的方式來檢驗之：

㈠拿人的時候，手法輕清，而被拿的人，渾然不知其被拿，一旦知道被拿住了，想逃也逃不了了。

㈡發放人的時候，像是彈丸脫離彈夾，迅速而乾脆，毫不費力。被跌出去的人，也只是感覺稍稍動了一下，而絲毫感覺不到疼痛，不知不覺就被跌出三四米外了。

㈢粘人的時候，並不是用手去生抓硬擒，而只是輕輕地粘對手的接觸點，接觸點就像是被膠水粘著了，而無法逃脫。對手想盡辦法來逃脫，反而覺得兩臂異常酸麻，無法忍受。

推手時，感覺到以上幾點，那麼就是純正的太極拳了。

太極拳與各種運動之比較

陳志進①

太極拳與摔角之比較

摔角盛行於內外蒙古，又名攢跤。前清政府，為防備蒙人起見，極力提倡。故北京保定等處，攢跤廠甚多。惟須少年之人，身體強壯，多力耐勞，能吃苦者，始為合宜，一年即可成功。故諺有「三年把勢，當年跤」之語。然此一年中，練時甚苦，須半夜起身苦練。

有跑墳之工夫：因北地之墳，都是上尖下大，且甚高大。練者由墳頂，直腿往下猛跑，而不摔倒為止。有一足獨立之工夫：一足立牢，一足與二手頭身，成為水平線，以不搖動，能久立為止。有踢袋之工夫：手提百十斤之砂袋，雙足交換而踢，以能踢飛而止。有摜砂袋之工夫：用數十斤之鐵砂袋，數人彼摜此抓，以不失落為止。

故摔角之人，至老年時，雙腿僵直，行步艱難。入廠摜跤，有特製之衣，衣此衣，摔死不償命。心術壞者，每借此為害人之地。

練太極拳，身體越練越康健，得其三昧，不自作聰明，按其規矩而練，身體筋骨，絕無僵硬之時。而跌人之妙，更過於摔角。楊露禪先生，八十餘歲時②，在水泥上行走，鞋底不濕，可知其步履輕捷矣。

太極拳與八段錦之比較

八段錦，為我國文人運動之一種，而種類亦復不少。有大八段錦、小八段錦、十二段錦。混言八段錦、九宮靠等。練之舒長筋骨，活動氣血，甚為有益。然只一人，單獨練習，不動步，其效止於身體康強而已，不能防身禦侮也。

練太極拳，亦是舒長筋骨，活動氣血，而內外齊練，周身活動，自始至終，一氣貫串，上下相隨，內外相合。練之者有強身之樂，有防身之能，無單練之寂寞，有推手之歡樂。

太極拳與彈腿之比較

彈腿傳自回教，法甚簡單。今遍中國皆有練之者，大同小異，少有不同，練時尚彈勁，一發無餘，一拳一腿，須收回再出。有單練，有對打。余曾練二三年，故知其詳。

太極拳循環無端，如常山蛇③，首尾相應，粘處皆可放勁，接手即能打出，不必收回之後，再去二勁也。

太極拳與柔軟體操之比較

柔軟體操，傳自泰西，遍行於學校軍隊之中。與八段錦相似，亦無防身禦侮之能，而練之者，亦少興趣。不過國人震於泰西之傳授，極端迷信，而行之數十年，絕無成效之可言。

若練太極拳，練熟之後，習慣成自然，終身練之。無論士農工商，每日有一小時之工夫，即能內強其身，外防侮辱。

而練柔軟體操者，一出學校，一離軍隊，每日自練者，有之乎？若太極拳，既會之後，得其趣味，自有不能捨之之意。

太極拳與田徑賽之比較

田徑賽，須少年為之，非盡人可能。練之者多受內傷，有吐血暈絕之患。每觀比賽，旁觀者鼓掌稱賀第一，而勝者已憊憊不堪，面無血色，渾身癱軟，二人架之，行數十分鐘，始能漸漸回復原狀。

太極拳，則不論老幼男婦，皆可練習。練之者身體日強，久而久之，得其趣味，雖欲捨之不練，亦不能矣。

太極拳與足球之比較

足球：練頂，練肩，練腿足，運動甚為有益。然亦只能少年、壯年能之，幼年、老年則不相宜。

練太極拳：要鬆肩，垂肘，矬手腕④，含胸，拔背，提頂勁。足球之益，太極拳悉有之也。

太極拳與西洋拳術之比較

西洋拳術，專尚力，不從巧妙處用功。二人對打之時，帶皮手套，打胸部以上，頭臉以下，跌倒不為輸，且有種種限制，甚不自由，無趣味可言。而老年之拳術家，則未見之。

太極拳與人對手，可以傷，可以不傷。傷、不傷，在於心術之良否，不在拳腳上也。練太極拳工久者，周身不受擊，擊之者自跌。楊露禪先生，七十餘歲時，常釣魚於河上，背受二人之擊。擊之者，反由露禪先生之頭上，跌入河中。露禪先生，坐釣如故，並未動也。楊鏡湖先生，八十歲時⑤，坐於椅上，腹受少年人之拳，力多者，跌出愈遠。

太極拳與日本柔術之比較

柔術，本傳自我國之捽角，日本人又從而研究之，今盛行於三島之間。今者十人而九⑥，日本之強盛，大有力⑦焉。然不能與中國之拳術較。

蓋拳術，為我國人獨得之秘，地球之上，莫之能京⑧。柔術之主要，在防人之攻擊，對練者多，單練者少，一人獨居，則無聊焉。太極拳獨練對習，皆有趣味。獨練走架，是知己工夫，是體；二人對練推手，是知人工夫，是用。練久者自知其妙。

太極拳與各種拳術之比較

中國拳術，千門萬派，省省不同⑨。約而言之，不過內工外工，花拳而已。江湖賣藝者流，習練花拳，博無識者之讚美，不過營業之一種，或為盜賊之媒，不登大雅之堂，置而不論。練外工者，尚力，以能受擊為強，而忽於內。筋骨之強者，臨終時，散工之際⑩，最為痛苦，欲死不能死，令人目不忍見。

練太極拳者，無此病也。

【注釋】

①陳志進：生卒不詳。田兆麟老師早年的弟子，後也從楊澄甫老師學拳。一九二七年十一月，劍仙李景林來上海，葉大密老師約陳微明與陳志進一同向李景林學習武當對手劍法。陳志進美髯飄逸，掌大如蒲扇，一副仙風道骨相。陳微明《太極拳術》合步推手七幅照片、大攌第三、第四幅照片中，白衣美髯者，就是陳志進。當年上海拳界，昵稱他為

「陳大鬍子」。眾多的楊家師兄弟中，幾無人能逃脫陳大鬍子的「按勁」。抗戰全面爆發後，陳購置廬山別墅，離開孤島上海，過起漁樵耕讀的隱居生活。臨行，與葉大密老師道別，兩手又作手談。就這一次，陳大鬍子的按勁怎麼也不能在葉老師身上發揮其威力來。陳大鬍子爽朗地笑了：「伯齡，你的功夫大進啦！」抗戰結束後，經多方打聽，從廬山傳來的消息說有一鬚髯道士，墜落山崖致死。葉大密老師說，沒想到自此一別，竟成永訣！

②楊露禪先生，八十餘歲時：此節文辭，從陳微明記錄的富二爺述說楊家傳奇中化出，「八十餘歲」也訛傳自「富二爺又曰：『吾露禪師祖，喜吾勤謹。吾嘗在旁伺候，為裝旱煙。年八十餘，尚練工夫不息』」句。楊露禪，壽限七十七歲。就像是富二爺述說楊班侯年壽「年居六旬」，或可存疑之。

③常山蛇：傳說中的一種能首尾救應的蛇，仿製為首尾相顧的陣勢。《孫子．九地》：「故善用兵者，譬如率然。率然者，常山之蛇也。擊其首則尾至，擊其尾則首至，擊其中則首尾俱至。」

④矬手腕：坐腕之意。

二水按：每一式勢成勢之時，凡是掌成勢者，須將掌根下沉，手指節節領起，勁由手臂陰側向外貫至掌根，四指併攏，虎口撐圓，手指舒展。

⑤楊鏡湖先生，八十歲時：楊健侯，號鏡湖，壽限為七十八歲，「八十歲時」，也可存疑之。古人侷限於生活環境、醫療衛生條件、生活境遇等，人生七十古來稀，壽至七十，也已高壽了。

⑥今者十人而九：今，「會」之誤。意思說「在日本，十個人中，有九個會柔術」。二水按：對一個國家特徵性明顯的文化符號，外人窺測，時或一孔之見，常常會不經意地放大孔中鏡像。就像早年在西方人眼中，中國人，人人都是李小龍。這是一個道理。

⑦大有力：作用很大，功勞很大。

⑧莫之能京：京，象形，像築起的高丘形，其上尖端聳起。以其雄偉，引申為國度。莫之能京，也作「莫之與京」「大莫與京」，意思是說「其博大精深，無法與之相比的」。

⑨省省不同：每個地方都不一樣。

⑩臨終時，散工之際：市井時有拳家臨終散功之說，語多怪誕不經。二水按：生老病死，原本就是生命體的自然規律。文王之易，以一氣之流行，自震而離而兌而坎，週而復始，七日來復，以此揭示萬事萬物內在結構的完備體系，以及結構內部變化發展的規律性。生命，就像是由種子而發芽、而茁壯、而開花、而結果，乃至果實而剝落，脫離原先的生命體，再以新生命的形式，得以延續。太極拳「張三豐承留」所說

的「水火既濟焉，頤至戌畢字」，「畢入於戌」，九月為戌。時序到了九月，萬物畢成，新的果子，又將以新的生命體形式，得以繼往開來，常續永綿。

面對死亡，又需要有大智慧，儒釋道於此各有千秋。佛教認為，死，就肉體而言，不過是身體四大「地水火風」的分解還原。就精神而言，需要排除臨終彌留之際，來自對死亡畏懼及種種如幻業障。道家，返璞歸眞，死，形之化也，本眞之練蛻也，軀質之遁變。故可蟬蛻，可蝶化，可羽仙，可屍解……種種境遇，旨在由衷培植視死如歸的大無畏。儒家則更為理性，也更為智慧，宣教「大上有立德，其次有立功，其次有立言。雖久不廢，此之謂不朽」，以「三不朽」來激勵儒學者內修浩然正氣，以「死而不朽」來解生死之困結。

太極拳旨在鍛鍊與神往來的魂，與並精出入的魄。生命之樹結了果實，聚精會神，性命合一，收魂斂魄之後，「精氣神」這個人格軟體壓縮包，上傳到了雲端了，當「身」這台電腦硬體徹底壞了，軀體腐朽之後，新的電腦硬體能夠因緣際會，再從雲端下載那顆不朽的「心」。「種子」，上傳於雲端的人格軟體壓縮包，就會以一種新的生命體形式得以延續。此乃太極拳的「死而不朽」之理；也是仙道的本體虛空，超出三界；也是佛學的不垢不淨，不生不滅。這才是「執中」「守中」「空中」，這才是太極拳最為崇高的定位。

太極拳之品格功用

陳志進

太極拳為武當嫡派，乃張三豐祖師因觀鵲蛇之鬥，忽有會心，發明此拳。蓋恐修道之士，靜坐功深，血脈有凝滯之患，山行野宿，突然有野獸之厄，是以因觀鵲蛇之鬥智，仿禽獸之飛躍，法天地自然之理，參太極陰陽之秘，創此太極拳以傳修道之士，為靜功之助。

久練之後，且有衛身之能，延壽之益。故其歌訣中有「詳推用意終何在，益壽延年不老春」之語。而練拳之時，純以神行，不尚拙力，故其歌訣中又有「若言體用何為準，意氣君來骨肉臣」之語。最要而最難者，為「尾閭中正神貫頂，滿身輕利頂頭懸」，此中大有講究。

祖師雲遊四方之時，憫文人之懦弱，時受強暴者之侮辱，而無抵禦之策，遂留傳世間，以柔克剛，以弱制強，無力打有力，借人之力，順人之勢。自此以後，太極拳為世所重，稱為武當派，出於少林之上。

得斯術者，如獲至寶，不肯輕易傳人，必深知其人之德行操守，又加以多年之精密考察，始肯傳其秘訣。學拳之外，有必須遵守之規律：

一不許保鏢護院；

二不許沿街賣藝；

三不許為綠林響馬，以玷身家而累師傅①。

由此觀之，非品格高尚之人不能學；非堅忍卓絕之人不能學。學之者有變化氣質之功能，性暴燥而急促者，可使之平和而安詳。蓋練拳之時，全身鬆開，順乎自然，渾圓流利，氣沉丹田。心中空空洞洞，思慮全無，如莊周之夢蝶，人蝶不分。練完之後，自己曾練與否，亦不之知。練太極拳到如此境界，有何病不可去。不但自己如此，旁觀之人，亦不覺②心平氣和，與之俱化。練拳之時，不許脫衣赤身，須穿長衫馬褂，從容文雅。不咬牙瞪眼，亦不喝叱怪叫。夫太極拳之功用，未病者，能使永無疾病。已病者，雖沉疴宿患③，皆能拔除。雖屬技藝，稱為醫王，有何不可。要知此種太極拳術，為養生卻病之最妙法術。諸君觀之，當不以余言為河漢④也。

【注釋】

①以玷身家而累師傅：玷，白玉上之斑點。累，累及，牽連，拖累。「傅」，為「傳」之誤。全句當為「以玷身家而累師傳」，意為玷污了一家人的身家清白，也牽連了師門傳承的名聲威望。

②不覺：不知不覺，不由自主。

③沉疴宿患：久治不癒的病患。

④河漢：銀河。天方夜譚，以喻浮誇而不可信的空話。

國家圖書館出版品預行編目資料

陳微明太極劍 ／ 陳微明 著
——初版，——臺北市，大展，2017〔民106.07〕
面；21公分 ——（武學名家典籍校注；5）
ISBN 978－986－346－171－5（平裝）
1. 劍術
528.974 106007317

陳微明 太極劍

著　　者／陳 微 明
校 注 者／二 水 居 士
責任編輯／王 躍 平
發 行 人／蔡 森 明
出 版 者／大展出版社有限公司
社　　址／台北市北投區（石牌）致遠一路2段12巷1號
電　　話／（02）28236031・28236033・28233123
傳　　眞／（02）28272069
郵政劃撥／01669551
網　　址／www.dah-jaan.com.tw
E-mail／service@dah-jaan.com.tw
登 記 證／局版臺業字第2171號
承 印 者／傳興印刷有限公司
裝　　訂／眾友企業公司
排 版 者／弘益電腦排版有限公司
授 權 者／北京科學技術出版社
初版1刷／2017年（民106）7月

定 價／250元

大展好書　好書大展
品嘗好書　冠群可期

大展好書　好書大展
品嘗好書　冠群可期